# 翡翠收藏赏玩指南

冷雪峰 / 编著

新世界出版社
NEW WORLD PRESS

**图书在版编目（CIP）数据**

翡翠 / 冷雪峰编著 . -- 北京 : 新世界出版社 , 2017.1

（收藏赏玩指南）

ISBN 978-7-5104-6090-6

Ⅰ . ①翡… Ⅱ . ①冷… Ⅲ . ①翡翠—收藏②翡翠—鉴赏 Ⅳ . ① G262.3 ② TS933.21

中国版本图书馆 CIP 数据核字 (2016) 第 310310 号

## 翡　翠

作　　者：冷雪峰
责任编辑：贾瑞娜
责任校对：姜菡筱　宣　慧
责任印制：李一鸣　王丙杰
出版发行：新世界出版社
社　　址：北京西城区百万庄大街 24 号（100037）
发 行 部：（010）6899 5968　（010）6899 8705（传真）
总 编 室：（010）6899 5424　（010）6832 6679（传真）
http://www.nwp.cn
http://www.nwp.com.cn
版 权 部：+8610 6899 6306
版权部电子信箱：nwpcd@sina.com
印　　刷：北京松源印刷有限公司
经　　销：新华书店
开　　本：710 × 1000　1/16
字　　数：200 千字
印　　张：12
版　　次：2017 年 1 月第 1 版 2019 年 11 月第 2 次印刷
书　　号：ISBN 978-7-5104-6090-6
定　　价：68.00 元

PREFACE

# 前言

古往今来，翡翠一直在中国人心中有着不可替代的重要地位，色彩艳丽、光泽诱人的翡翠受到了无数人的赞誉，那么翡翠到底是什么呢？翡翠是玉的一种，中国并不产翡翠，其主产地位于缅甸。翡翠是明末清初传入我国的，从此便牢牢吸引住了国人的目光，不管是达官显贵还是普通百姓都难以抵挡翡翠的诱惑。翡翠雍容华贵、温润内敛，被人们誉为“玉石之冠”。

中国是世界上开采和利用玉石最早的国家，是当之无愧的爱玉之国、崇玉之邦。玉是中国传统文化的一个重要组成部分，以玉为中心载体的玉文化，不仅深深影响了古代中国人的思想观念，也成为中国文化不可缺少的一部分。玉文化与中华民族的历史、政治、文化和艺术的产生及发展都有着密切的关联，它影响着中华民族世世代代的观念和习俗。君子以德比玉，坚硬、纯洁的玉石一直是文人雅士洁身自好的不懈追求。

在中国，翡翠被奉为珍宝的历史虽然只有几百年，但是它却备受推崇。翡翠质地坚硬，颜色极其丰富，人们利用多种工艺将其加工成光彩夺目的装饰品。现如今，市面上常见的翡翠制品款式非常丰富，有观音、如意、平安扣、长命锁、福豆、貔貅等，或精雕细刻，或和钻石、水晶等其他珠宝搭配在一起，精美绝伦。这些饰品寓意丰富，如龙凤呈祥、福寿双全、连升三级、吉祥如意等，代表了人们的美好祝愿。

经过几百年来的挖掘、开采，翡翠数量越来越少，但人们对翡翠的热情却从未降低，因此翡翠价格不断飙升，翡翠收藏市场愈加火热。在利益的驱使下，翡翠市场上出现了大量翡翠仿制品。翡翠爱好者，若想更好地收藏翡翠，就需要对其有更多的了解。本书从实际出发，介绍了翡翠的历史、产地、分类、工艺、品评、真假鉴定、保养等方面的知识。内容全面、通俗易懂、图文并茂，既有使用价值，又不乏观赏价值。

书中难免会有疏漏之处，敬请广大读者批评指正，以便再版时加以修正。

# Contents 目录

## 第一章 翡翠的前世今生

## 第二章 琳琅满目的翡翠饰品

# 目录 Contents

## 第三章 刺激诱人的赌石

## 第四章 翡翠的品评与鉴定

## 第五章 翡翠收藏之道

# 第一章 翡翠的前世今生

# 翡翠名称的由来

翡翠，自古以来都是东方民族最喜爱的玉石珍品。它以艳丽的色彩、美丽的光泽、晶莹剔透的滋润感，在玉石大家庭中被人们冠以玉石之王的美誉。同时在东方，它在宝石家族中与钻石、红宝石、祖母绿一起被称为四大名宝，且位居第一。

翠鸟

翡鸟

那么翡翠的名称又是怎么来的呢？传说翡翠的名称来源于古代的一种鸟，这种鸟的毛色十分美丽，雄性呈艳红色，称为翡鸟；雌性呈艳绿色，称为翠鸟。红的叫翡、绿的叫翠，合称翡翠，所以，行业内有翡为公，翠为母的说法。另一个说法是，古代“翠”专指新疆和田出产的绿玉，翡翠传入中国后，为了与和田绿玉区分，称其为“非翠”，后渐演变为“翡翠”。

翡翠是一种以硬玉矿物为主的辉石类集合体，它真正的学名叫硬玉。翡翠自明末清初传入中国后便一统玉器天下，并随着中华文化的传播影响到海外。从乾隆皇帝到慈禧太后，各朝帝王后妃都喜爱翡翠，因此，翡翠在清代也有皇家玉的美称，又被称为“帝王玉”。

# 翡翠的历史

缅甸北部地区是翡翠的主要产地，目前在我国尚未发现翡翠。那么它是何时传入我国，并占据了如此重要的地位呢?

## 汉代传入说

翡翠饰品从汉代传入了中国，此说法只是一种揣测。据历史记载，早在东汉永元九年，云南永昌徼外蛮及掸国王雍由调即“遣重译奉国珍宝”晋见东汉王朝，这是缅甸翡翠首次进入中国。掸国亦称“ 擅国 ”，是缅甸境内的古国，在今缅甸东北掸邦一带。当时玉石是作为贡品，而不是作为一般的商品进行交易。尽管没有实物证实，但从汉代开始，云南腾冲确实已成为我国与缅甸进行贸易交往的重镇。当时，从四川成都出发，经过腾冲入缅甸密支那可直抵中西亚，形成了一条丝绸之路。这条西南丝绸之路比北方丝绸之路还要早 200 ~ 400 年。当时，沿着这条路，马帮、象队络绎不绝，贩运大量的玉石毛料。

这些珍奇的“绿色石头”，被中国当时的王公贵族视为异宝，竞相佩戴装饰，成为时尚，甚至以玉佩区分官阶。

## 宋代传入说

有资料称:“翡翠在我国被明确称为硬玉，可能始于宋代。”宋代文学家欧阳修在他的《归田录》一文中对“翡翠屑金”的描述，说明翡翠可能在宋代以前就传入中国了，也说明“翡翠”一词从宋代以前就从传统上指某种鸟，转而指硬玉，也就是后来的翡翠。

## 明代传入说

远在我国北方的丝绸之路开发以前，南亚大陆就开辟了陆上通道即蜀身毒道。在这条驿道上，腾冲是最大、最重要的前沿驿站。元、明、清各朝代时，缅甸翡翠珠宝产地曾长期隶属于中国，历史上，腾冲具有翡翠集散地的地位。

明代，我国出现翡翠饰品，最早记载腾冲翡翠生产贸易情况的是明朝大旅行家徐霞客，他于1638～1639年曾在腾冲目睹了翡翠加工及贸易的盛况，并把翡翠传入中国的事实写入了他的游记之中。那么翡翠传入中国的时间应在此之前。考证历史得知应是在此之前的明朝永乐年间。这一时期社会稳定，经济繁荣，明朝向周边扩张，在此基础上大力开拓云南边疆，三征麓川，使滇西尤其是腾冲得到大力开发。各种贸易及珠宝交易旺盛，促进了翡翠进入中国。

关于翡翠传入中国的历史是从明代开始的这一论点，还有实物证明。我国迄今为止发现的年代最早的翡翠制品是北京明定陵中出土的翡翠如意，时间约为1368～1644年。故翡翠传入我国已有600年以上的历史。

腾冲徐霞客雕像

## 清代传入说

关于翡翠传入中国的时间的众多观点中，清朝传入中国的观点是最有说服力的。清代，翡翠由于受王公贵族的喜爱，尤其是受到清朝乾隆皇帝的推崇和慈禧太后的癖爱，被称为“皇家玉”，由此翡翠身价百倍，成为玉中极品。美国纽约大都会博物馆的工作人员曾质疑过清朝以前的翡翠就是指缅甸硬玉，他认为汉朝、南宋的翡翠实为碧玉或者绿玉。

**高冰种翡翠手镯**

重量：75.82g

参考价：25.8 万 ~ 28 万元

**冰种翡翠手镯**

重量：60g

参考价：3.8 万 ~ 4.3 万元

翡翠浮雕夔龙纹双耳龙钮方鼎

所以很多人认为翡翠传入中国的时间在清朝，认为从传入到普及也只有 300 多年的时间。清代传入说比起明代传入说又似乎太晚，或许可以说，翡翠在我国清朝得到空前的重视。

## 四大名宝

翡翠与钻石、红宝石、祖母绿并称为四大名宝。

翡翠色彩艳丽、光泽诱人，一直是东方民族最喜爱的玉石珍品，被誉为“玉石之王”。钻石是世界上最坚硬的、成分最简单的宝石，被人类称为“宝石之王”，是最昂贵的宝石品种。红宝石被誉为“爱情之石”，这是由于其炙热的红色让人们自然而然地把它和热情、爱情联系在一起。祖母绿则是宝石级的绿色绿柱石，是国际珠宝界公认的名贵宝石之一，其颜色绿中带点黄，又似乎带点蓝，无论阴天还是晴天，无论在何种光源下，它总是发出柔和而浓艳的光芒。

## 翡翠的形成

关于翡翠的形成，在民间有很多神奇的传说。有人认为翡翠的形成跟钻石一样，都是在极高压力下形成的，这也是钻石稀少的原因，那又是什么造就了翡翠的产量比钻石还要少呢？其实关于翡翠的形成，到目前为止也没有一个定论。不过可以确定的是翡翠是一种矿物，其形成需要独特的成矿条件。

翡翠产出于基性的蛇纹石化橄榄岩中，是蛇纹石化橄榄岩在形成后，经过挤压等变质作用后，温度压力都发生变化，岩浆又侵入了这些岩石之中，带来了新的化学物质，与原来的岩石发生了化学作用后形成的。

摆件——天籁之音

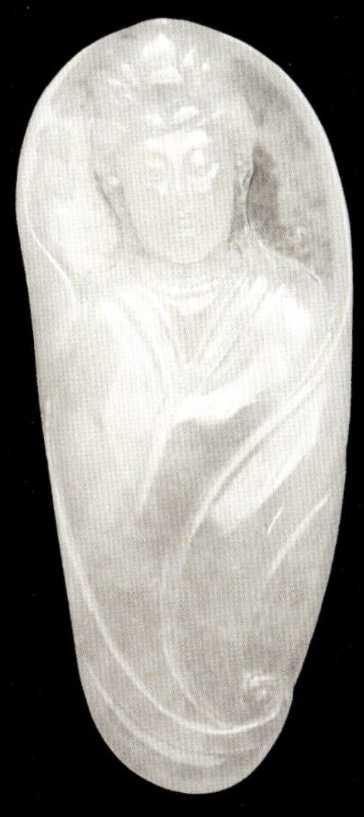

**包衣观音**

尺寸：5cm × 2cm

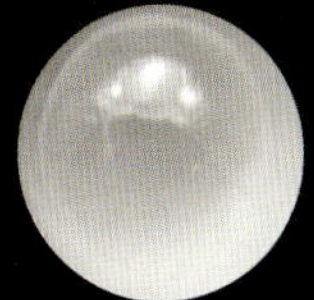

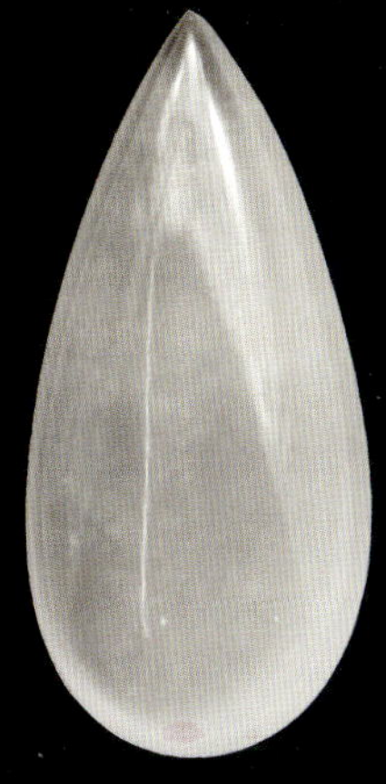

**冰种吊坠**

尺寸：不详

**冰种黄翡观音**

尺寸：6cm × 3cm

翡翠可以说是在一种自相矛盾的环境下形成的，它要求的温度非常低，但是需要的压力却很高。这种高压是由于地壳运动引起的挤压力所形成的，现在已经证实，凡是有翡翠矿床分布的区域，都是地壳运动强烈的地带。在世界范围内，能满足翡翠形成要求的地质环境只有缅甸北部的一个极小地区。

翡翠千差万别的颜色则是其内部含有的金属元素不同所导致的，不同的金属元素可以让翡翠具有不同的颜色。钽元素使翡翠呈黄色；镁是使翡翠呈白色的主要元素；铬离子在翡翠成矿过程中进入其晶格，使其呈绿色；铬、钴元素与微量铁元素的加入，使翡翠呈紫色；钴元素或低价铁离子向高价铁离子的转变，则使翡翠呈红色。

# 翡翠的性质

翡翠是目前玉石市场较流行、价值较高的一种玉石，以其漂亮的颜色、细腻的质地而得到人们的喜爱，是市面上很受欢迎的一种玉石。翡翠的基本性质与其化学组成、矿物组成和个体之间的结合有一定的关系，其性质比较复杂多变，但是也有一定的稳定范围。

摆件——喜结良缘

**18K 铂金配钻冰种满绿戒指**

参考价：7.8 万 ~ 8.8 万元

## 矿物组成

提起翡翠的矿物组成，那是不是只要是硬玉就是翡翠呢？答案是否定的。首先，硬玉是一种矿物的名称，而翡翠则是以硬玉为主的隐晶质细小的矿物所组成的集合体。组成翡翠的主要矿物成分除了硬玉以外，还有各种辉石类矿物，如透辉石、钠铬辉石、霓石、霓辉石等。还有闪石类矿物如阳起石、透闪石、角闪石等，以及磁铁矿、钠长石、铬铁矿、褐铁矿和赤铁矿等矿物，这些不同矿物的组合可形成翡翠的不同品种。常见品种有主要由硬玉构成的翡翠和由闪石类矿物构成的翡翠，以及由钠铬辉石类矿物构成的翡翠。在这些不同的品种中，以上矿物的种类可以同时出现，只是其含量不同而已。

**冰种弥勒佛**

尺寸：3cm × 1.5cm

冰种貔貅

尺寸：4cm × 1.4cm

## 化学成分

前文提到，翡翠是由以硬玉为主的矿物集合体组成，硬玉的化学成分是钠铝硅酸盐，化学成分为 $NaAl(Si_2O_6)$，并且常含有少量的杂质离子，主要是铬、铁、锰、钙、镁、钛、硫、氯等元素的离子。而这些离子的含量和种类都对翡翠的颜色起着至关重要的作用，也是高档玉石中不可或缺的物质因素。

冰种小佛

尺寸：2cm × 2cm

冰种平安扣

直径：2.0cm

冰种四季平安豆

尺寸：3.5cm × 1cm

## 结构构造

结构是指组成岩石的矿物的结晶程度、颗粒大小、晶体形态及它们之间相互关系的特征。构造是指岩石中不同矿物集合体之间或与岩石其他组成部分之间的排列方式及充填方式所表现出来的特点。可以用肉眼、手持放大镜或宝石显微镜观察组成玉石矿物的结构构造特征，这一点在翡翠乃至是玉石的鉴定中都起着至关重要的作用，因为玉石的结构构造是检验玉石质量的重要标准之一，也是衡量玉石价值的重要指标。翡翠的结构构造可分为以下几种：

### 粒状纤维交织结构

当你观察粒状纤维交织结构的翡翠时，会发现组成翡翠的主要矿物硬玉呈拉长的粒状或柱状，其矿物颗粒较粗，边界平直，没有遭受动力变质和明显的蚀变作用，通常这种矿物之间的结合关系被称为粒状纤维交织结构。

摆件——喜上眉梢

### 纤维交织结构

因为硬玉集合体形成之后，遭受后期的动力变质作用而由大颗粒的晶体破裂变成小颗粒，进一步变质强烈可形成糜棱结构，矿物颗粒发生亚颗粒化，发生动态重结晶等现象的矿物之间的结合关系，被称为纤维交织结构。

### 交代结构

由后期形成的阳起石、透闪石、角闪石等矿物交代了硬玉矿物所形成的结构被称为交代结构。

翡翠的结构决定了其透明度、光泽、质地等特征。一般情况下翡翠呈块状构造。

玻璃种观音手

尺寸：3cm×1cm

**满阳绿翡翠吊坠**

尺寸：3cm × 1.5cm

**高冰种江南水乡牌**

尺寸：5cm × 3.5cm

**仿古龙牌**

尺寸：5cm × 2.5cm

## 光泽

翡翠呈玻璃油脂光泽。翡翠的光泽跟结构特征有关，翡翠结构呈粒状纤维交织结构、交代结构的矿物颗粒粗大，质地粗糙，其光泽就差；翡翠结构呈纤维交织结构的矿物颗粒细小，质地细腻致密，其光泽就强。

## 翡翠仙女

云南大理一中医世家有一个聪明贤惠、明眸皓齿的女儿，被缅王看中后，嫁到缅甸。这姑娘有一副菩萨心肠，看到当地的老百姓缺医少药，很是不忍。于是，她走遍了伊瓦洛底江的山山水水，为当地的百姓治疗疾病。最终因积劳成疾而病逝于伊洛瓦底江畔的帕敢。当地人民为她在伊瓦洛底江畔举行了隆重的葬礼，并企望她的灵魂升天。但她为了造福百姓，不愿升天享受荣华富贵，灵魂融入地下，变成了晶莹美丽的石头，成了受世人尊敬的翡翠仙女。

## 透明度

透明度在玉石行业中被称为水头，翡翠常呈半透明或不透明状，翡翠的透明度，指的是光能透过翡翠的深度。若翡翠所透过的光越多，它的透明度就越好，越会使翡翠显得晶莹剔透，有“翠水欲滴”的感觉。行话形象地称为“水头好”或“水分足”。若光线大部分不能透过翡翠，而几乎全从表面反射出去，则翡翠看上去就会比较死板，感觉没有灵气，行话称之为“水头差”或“水分差”，或者说很“干”。透明度对翡翠的美观有很大的影响，因而对其价值的影响也较大。透明度也跟其结构特征有关。翡翠呈粒状纤维交织结构、交代结构的矿物颗粒粗大，质地粗糙，则透明度就差，水头低；翡翠呈纤维交织结构的矿物颗粒细小，质地细腻致密，透明度就强，水头也就高。另外，翡翠中杂质元素含量太高时，其透明度也低，水头也低。

观音吊坠

尺寸：5cm×2.5cm

**高冰种弥勒佛**

尺寸：4.5cm × 4cm

参考价：12 万 ~ 14 万元

**高冰种小弥勒佛**

尺寸：2cm × 1.5cm

参考价：12 万 ~ 14 万元

## 硬度

翡翠，是硬度比较大的玉石品种。因为翡翠是集合体，并且含有许多杂质矿物，其硬度可以发生变化，一般情况下，其莫氏硬度为 6.5 ~ 7。

## 相对密度

翡翠的相对密度与其矿物种类和杂质元素的含量有关，其相对密度值有一定的变化范围，一般在 3.30~3.36，平均值为 3.32。

**蓝水弥勒佛**

尺寸：2cm × 2cm

## 折射率

翡翠的折射率大小与其矿物种类和杂质元素的含量有关，其值可在一定范围内发生变化，折射率值一般在1.666~1.668，平均值为1.667。而点测法（测量折射率值的一种方法）得到的值一般为1.65~1.67，平均值为1.66。

## 吸收光谱

翡翠的特征吸收谱线为437nm。含铬翡翠的特征吸收谱线还有690nm、660nm、630nm几种。谱线的清晰程度与翡翠的绿色有关，绿色越艳丽，谱线越清晰；否则反之。染色翡翠在660nm处有吸收宽带。

## 荧光性

大部分的翡翠无荧光效应，少数绿色翡翠有弱绿色荧光。白翡翠发生蚀变可产生弱蓝色荧光；漂白、注油翡翠可见橙色荧光；处理翡翠呈无→弱→中的黄绿色、蓝绿色、绿色荧光；染红色的翡翠有橙红色荧光。

老绿满绿荷叶

尺寸：4.5cm×3.5cm

节节高升

尺寸：6cm×3.5cm

## 解理

翡翠业内也把解理称为翠性。翡翠的翠性有两种含义，一种是指翡翠品种中的绿色；另一种是指硬玉由于有两组完全解理，在组成翡翠集合体的表面会显示出星点状、不连续的线状的闪光，玉石行业称之为“苍蝇翅”现象。这种翠性的大小和显著程度与组成翡翠的硬玉颗粒有关，翠性小，反映硬玉颗粒小，结构致密；否则反之。

摆件——一鸣惊人

**龙头戒指**

尺寸：不详

## 韧性

翡翠的韧性取决于硬玉的矿物颗粒。当硬玉颗粒细小，颗粒之间结合紧密时，韧性好；当硬玉颗粒粗大，颗粒之间结合性差时，韧性就差。

**马上封侯手把件**

尺寸：5cm×4cm×8cm

**冰种牡丹花一对**

尺寸：1cm×1.5cm

参考价：8000～9000元

**满绿弥勒佛**

尺寸：3cm×3cm

参考价：1.2万～1.5万元

## 颜色

翡翠的颜色丰富多彩，是所有玉石中颜色最漂亮的。它的颜色主要有绿、红、蓝、紫、白、黄、青、黑等色。

翡翠的颜色千变万化，其颜色的形状、组合、色的分布、色的深浅变化多端，颜色会引起翡翠品种的变化。

摆件——指日高升

# 翡翠的产地

翡翠的主要产地在缅甸。此外，哈萨克斯坦、日本、美国和危地马拉等地也有翡翠产出，但其所产翡翠均不如缅甸翡翠那样质地优良，因此也不像缅甸翡翠那样受到世人的喜爱和重视。

目前来说，缅甸算得上是世界上所有商业级翡翠的来源地，其主要产区位于缅北勐拱西北部的雾露河上游三条支流流域内。珠宝市场上优质的翡翠大多来自缅甸雾露河流域第四纪和第三纪砾岩层次生翡翠矿床中。缅甸的翡翠可达到宝石级别，其余产地的翡翠都只能做工艺品，达不到加工工艺要求。其中真正宝石级的翡翠只有缅甸才有，而且已经快要开采殆尽了，恐怕以后很难采到真正的优质翡翠了。翡翠的主要市场在中国，占世界市场的95%。

**18K 铂金配钻石玻璃种戒指**

直径：1.1cm

缅甸与我国云南德宏、保山毗邻，据古书记载，有“翡翠产于云南永昌府”之说，这是由于当时的翡翠产地宝井，即今天的缅甸勐拱，曾属云南永昌府孟密宣抚司管辖，而永昌即为今天的云南保山。

摆件——双喜戏梅

**冰种龙头吊坠**

尺寸：5cm×3.5cm

## 哈萨克斯坦

哈萨克斯坦的翡翠矿床是在20世纪50年代末苏联时期发现的，因为质量和市场等方面的原因，没有进行有规模的商业性开采，无论是原料还是制成品，都很少见于翡翠市场。哈萨克斯坦翡翠产于哈萨克斯坦东部巴尔哈什市北东约110千米处。其材质较差，仅有少数品质相当于缅甸翡翠中档“花牌料”，大多数仍只相当于“砖头料”。哈萨克斯坦目前还没有大规模开采翡翠。哈萨克斯坦的翡翠原生矿主要为伊特穆隆达和列沃克-奇佩利矿，矿化和蛇纹岩体有关。硬玉主要呈浅灰、暗灰、浅绿、暗绿等颜色，具中粒和细粒交代结构。其质量大多和缅甸商品级翡翠不透明、水头差、结构粗的雕刻料相当。在早期生成的翡翠中也可见少量祖母绿色的细脉和小块体。

冰种飘花贵妃手镯

圈口：5.5cm

**高冰种手镯**

重量：91.05g

参考价：16 万～20 万元

## 关于慈禧的翡翠趣事

据史料记载，恭亲王得到一枚祖母绿色翡翠扳指，整天戴在手上，非常喜爱。没几天，慈禧召见恭亲王，看见他手上戴着一汪水般的翡翠扳指，便让他摘下来瞧瞧，谁知慈禧拿过来一面摩挲一面夸好，颇似爱不释手的样子，一边问话，顺手就搁在龙书案上了。恭亲王一看扳指肯定要不回来了，只好故作大方，贡奉给她了。

**冰糯种手镯**

圈口：5.8cm

冰种飘花一夜成名

尺寸：5cm × 3cm

## 危地马拉

危地马拉是一个具有商业性的翡翠产地。危地马拉位于中美洲，具有神秘的玛雅文化等史前文明。在玛雅文化的出土文物中，发现有大量扁圆形的翡翠制品。当时的西班牙殖民统治者只关心黄金，不看重翡翠，再加上负责守护翡翠矿山的人严守秘密，几代人之后，中美洲的翡翠开采不仅陷于停顿和消亡，而且产地的位置也再无人知晓。

直到 1952 年，在危地马拉北部紧邻墨西哥的地区发现了翡翠矿床，已有少量开采，当地人加工制成旅游纪念品和仿古的玛雅工艺品，这些翡翠制品结晶颗粒较粗，透明度很低，其材质仅相当于缅甸翡翠中低档的“砖头料”，能达到中档“花牌料”的都很少。危地马拉翡翠中有一种呈蓝绿色的“蓝翡翠”和呈暗绿色的“黑翡翠”，相当具有经济开采价值，已有少量运往香港加工。近几年珠宝市场上出现的“墨翠”，很可能就是产自危地马拉。

## 美国

美国翡翠的产地和矿床主要在加利福尼亚州。有原生矿也有次生矿，和缅甸翡翠相比，美国翡翠大多只能用作雕刻材料，缺少首饰级的祖母绿色的翡翠。这些翡翠质地干且结构较粗。位于加利福尼亚州的门多西诺县的翡翠矿床是利奇湖矿，主要由透辉石、硬玉、石榴石及符山石的细脉体组成。大多也只是雕刻用岩石材料。因为品质低劣，至今没有大规模开采。

**冰种油青手镯**

圈口：6cm

**冰种百财吊坠**

尺寸：6cm × 4cm

冰种福在眼前

尺寸：4.5cm×2.5cm

冰种满天星手镯

圈口：5.9cm

## 日本

日本翡翠主要产地与矿床散布在日本新潟县的系鱼川市（旧称青海町）。主要为原生矿，其中大多都是以钠铝辉石为主要成分的硬玉岩，因与钠长石和石英伴生，很难选出一块纯翡翠，较多是粗粒结晶的硬玉集合体，颜色以绿色、白色为主，质地较干，透明度也较低。日本出产的翡翠基本上没有使用价值。

冰种观音吊坠

尺寸：6cm×3cm

# 翡翠的分类

## 按种水分类

翡翠的种水是某一特定质地的翡翠的总称，取决于翡翠的颜色、质地、透明度、结构、裂隙和大小等方面的品质特征。市面上对翡翠品种的划分，实际上是这些品质要素的综合。

不同种的翡翠被划分为高低不同的档次，其中，高档翡翠品种有：老坑种、金丝种、水绿种、冰种，以及部分花青种和飘兰种；中档翡翠品种有：花青种、豆青种、芙蓉种、蓝水种、墨翠、部分飘兰种和少数白底青；低档翡翠的品种有：白底青、铁龙生、干青种、八三种、雷劈种、油青种等。

**18K 铂金配钻石墨翠耳坠**

重量：16.3g

参考价：1.15 万 ~ 2 万元

水种翡翠吊坠

重量：22.12g

参考价：21 万 ~ 23 万元

18K 铂金配钻石玻璃种翡翠戒指

重量：4.8g

参考价：4.2 万 ~ 5 万元

18K 铂金配钻石玻璃种翡翠戒指

重量：4.7g

参考价：3.5 万 ~ 4 万元

## 玻璃种

（1）一般情况下，玻璃种均出自老坑，所以行业中也常称其为“老坑玻璃种”。

（2）矿物结晶为隐晶质。

（3）矿物结晶颗粒呈显微细粒状，粒度均匀一致，晶粒最小的平均粒径可小于 0.01mm。

（4）玉料质地纯净、细腻，无绺裂棉纹，敲击翠体音质清脆，颇符合玉质金声的传统说法。

（5）玉石透明度高，透光度达 6 ~ 9cm，玻璃光泽，给人的整体感觉就像玻璃一样清澈透明。

玻璃种的翡翠如果没有任何颜色，行话称之为“白玻璃”，这种原材料制成任何成品都是令收藏者争先恐后的购买对象。

最优的玻璃种能给人一种冰清玉洁的感觉，行话称之为“莹光”“起莹”或“起杠”，即玻璃种翡翠表面上带有一种隐隐的蓝色调的浮光游动。值得注意的是，此“莹光”非彼“荧光”，二者之间没有任何联系。前者说的是由于玻璃种翡翠透明度极高的玻璃光泽，使得翡翠看起来有晶透的感觉；后者指的则是在荧光灯下，翡翠受外界能量的激发而发出的荧光，通常天然的没有经过任何人工处理的翡翠是没有荧光的。凡是起莹光的玻璃种翡翠，均可以说是极品中的极品。

如果玻璃种翡翠带色，色浓翠艳夺目、色正不邪、色阳悦目、色均匀和谐，行内人则称其为“色玻璃”，有时也称作“老坑满绿玻璃种”。这种翡翠的质地与质量即便在行业内或收藏业内也是极为罕见的。

**玻璃种翡翠戒指**

参考价：6.5 万 ~ 7 万元

**18K 铂金配钻石玻璃种翡翠戒指**

重量：11.7g

参考价：4.98 万 ~ 5.5 万元

**冰种满绿翡翠吊坠**

参考价：25 万 ~ 28 万元

**高冰种满绿戒指**

重量：6.7g

参考价：4.8 万 ~ 5.5 万元

## 冰种

（1）矿物结晶介于隐晶和细晶之间。

（2）结晶呈微细粒状，粒度均匀一致，晶粒肉眼能辨，质地细润，无绺裂棉纹或稀少，敲击玉体音呈金属脆声。

（3）透明，玻璃光泽，比起玻璃种来要稍差一些，透光度达 5 ~ 8cm。玉体形貌观感似冰晶，有杂质。

（4）冰种翡翠中质量最好、透明度最高的常被行内人称为高冰种，意思是指冰种中最好的一种，但又未能达到玻璃种的程度。

（5）冰种翡翠看上去也有纯净透明的品质。与玻璃种不同的是，它只有三分温润，却有七分冰冷。

（6）无色的冰种称为“白冰”；带有絮状、丝状、带状颜色的冰种称为“花冰”；带有均匀淡淡的颜色的冰种称为“水冰”；带有满绿颜色的冰种称为“色冰”。

## 糯化种

（1）糯化种翡翠是继玻璃种和冰种之后的另一个种分，其主要特点就是透明度较冰种略低，给人的感觉就像是浑浊的糯米汤一样，属半透明范畴。

（2）糯化种又可详细分为糯冰种和糯米种。

（3）糯冰种指比冰种略浑浊的种分，就像杂质略多的冰一样，也有学者将其归类为冰种。

**18K 铂金配钻石糯冰种平安扣**

重量：5.9g

参考价：6.8 万 ~ 7.5 万元

**糯冰种鲤鱼跳龙门吊坠**

参考价：13 万 ~ 15 万元

**糯冰种翡翠戒指**

参考价：3.8 万 ~ 5 万元

（4）糯米种的透明度更低一些，而且在翡翠内部常会分布大量细小的杂质组分，给人的感觉不但浑浊，更显得不够纯净。

（5）糯化种质地温润，表面有较柔和的玻璃光泽。

（6）糯化种翡翠的成品大多见于手镯或小的挂件和牌片。市面上常见的糯化种有有色糯化、飘蓝糯化、飘绿糯化等。

## 白底青种

（1）白底青种一般为新坑出品，质地较粗，具有纤维状和颗粒状镶嵌结构。

（2）白底青种以白色为底（地子），绿色似“云朵”般飘浮，“云朵”成团、成块、成片或成岛屿状，仅仅是飘浮在白色的底上，白色与绿色之间色界鲜明，缺失融洽感。

白地青种翡翠

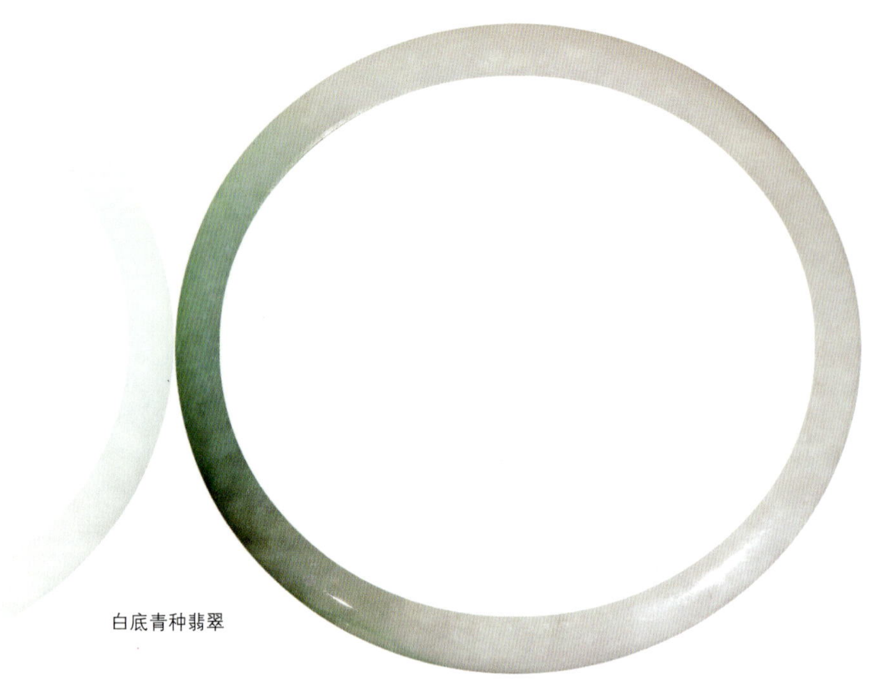

白底青种翡翠

（3）白底青种大多数呈斑状分布，质地细腻但不温润，肉眼尚能辨认晶体轮廓。翡翠整体不透明，部分微透明。特点是底色雪白，敲击翠体的声音略带金属的脆声。

（4）白底青种的翡翠往往做成各种小型的摆件，利用它上面各种形状的绿色进行创意，俏色雕琢成具有美好吉祥寓意的摆件。

（5）由于质地中等、颜色缺乏厚重的立体感，白底青种一般不会被刻意精雕细刻，所以整体价格不是很高，常用来作家庭摆放或办公室陈列，不能用来作顶级的收藏品。

马牙种翡翠

## 马牙种

（1）马牙是指婴儿黄色的、米粒样的细牙。

（2）马牙种的翡翠质地虽较细，但不透明，行话称水分不够或水头短，好像瓷器一样。

（3）矿物结晶颗粒较粗，肉眼下能辨认晶体轮廓，敲击原料的声音呈石声。

（4）马牙种翡翠以白色至灰白为底，大部分为绿色，色调简单，可混有浅绿、褐等颜色，不透明，粗看上去不错，但有色无种，仔细观察能看到绿色当中有很细的一丝丝的白条，有时可见团块状的白棉。

（5）马牙种的翡翠往往做成各种小型的摆件或把玩件等，主要是利用其上各种色调的绿色进行创意，然后加以俏雕，一般不值得精雕细刻。

## 墨翠

（1）墨翠的主要矿物成分是绿辉石。由于绿色过于浓郁，所以呈黑漆光泽，漆黑如墨、纹理细致却光洁可爱。

（2）墨翠从表面上看来是黑色的，而且越好的墨翠颜色越黑，但是它的颜色并不是真正的黑色，而是绿色。特别是优质的墨翠在强光下显现出来的就是绿色。

（3）墨翠的质地有好也有坏。一般来讲，质地越细腻质量越高，相应地，透明度也就越高。这里说的透明度是指在强光照射的条件下，因为无论多好的墨翠，也达不到像玻璃种翡翠那样的透明度。

（4）墨翠质地比较粗糙，肉眼看上去可以感觉到玉石内部的颗粒，这种墨翠，即便是在强光的照射下，也很难达到透明。

（5）墨翠的雕工是墨翠成品饰品最体现价值的一个方面。由于不透明而且又是黑色的缘故，所有的墨翠都成了用来体现优质雕刻工艺的上等材料，雕刻图案绝大多数是以传统的中国吉祥题材为主。因此人们在佩戴墨翠的同时能够感受玉石带来的良好祝愿。

（6）墨翠的价值主要体现在原材料质地与雕刻工艺两方面。质地越细腻雕刻越细致，价值也就越高。

**18K铂金配钻墨翠满绿吊坠**

重量：26.2g

参考价：11.6万～13万元

**墨翠满绿戒指**

重量：9.8g

参考价：4.2万～5万元

## 情人的影子

墨翠在翡翠的故乡缅甸还有一个非常诗情画意的名字——情人的影子。人们之所以这样称呼墨翠，是因为它的颜色如同佛经当中所记载的天上仙女们乌黑亮丽的秀发一般，在正常光线之下是乌黑油亮的色泽，但在强光之下却透出了神奇的深绿色，于是这种梦幻的颜色就被比喻成占满男人心田的美丽倩影——情人的影子。

### 金丝种

（1）金丝种指的是翡翠鲜艳的翠绿色成丝状分布。

（2）金丝种翡翠色成丝，丝细分为顺丝（丝定向、平行）、乱丝（丝杂乱）、片丝（丝片平行）、黑丝（翠绿中有黑色纹伴生），定向平行排列，绿丝有粗有细。

（3）金丝种翡翠质地细润，少绺裂棉纹，颜色鲜艳。

（4）金丝种翡翠矿物结晶颗粒稍粗，肉眼下尚能辨认呈柱状或粒状的晶体轮廓，敲击原料的声音呈金属脆声。

金丝种翡翠

金丝种翡翠

（5）金丝种翡翠有较好的透光性，透光度为 3 ~ 4.5cm。

（6）金丝种翡翠的质量要看它绿色丝带的色泽和绿色丝所占比例的多少，以及质地粗细的情况而定。颜色条带粗、绿色丝细而密、占面积比例大、颜色又比较鲜艳的，价值当然高；反之，颜色丝带稀稀落落或绿丝断断续续，颜色又浅的就便宜多了。

（7）金丝种翡翠多加工成手镯、佩饰、坠饰等，是制作中高档翡翠饰品的主要材料。

## 干青种

（1）干青种含有钠铬辉石，质地粗粝，矿物组分颗粒结晶较好，颗粒度往往较大。肉眼即能辨认出粒状或柱状的晶体颗粒，敲击玉体音呈石声，干涩粗糙。

（2）干青种翡翠颜色浓绿悦目，色纯正不邪，有时偏暗发黑。

（3）干青种翡翠突出的缺点是透明度差，阳光照射不进。

（4）干青种翡翠由于颜色浓重、透明度较低，所以时常制成佩饰，属中低档翡翠。

干青种翡翠

豆种翡翠

## 豆种

（1）豆种是翡翠中最为常见的品种，所以行内常有“十有九豆”之说。

（2）豆种翡翠含有钠质闪石，晶体颗粒较大，多呈短柱状，类似绿豆，肉眼可以观察到颗粒界面。

（3）豆种绿色清淡多呈绿色或青色，绿者为豆绿，青者为豆青。

（4）根据晶体的颗粒大小可分为粗豆、细豆、冰豆等；根据颜色可分为豆绿、豆青、彩豆等；根据色调可分为糖豆、田豆、油豆等。

豆种翡翠

豆种翡翠

（5）豆种翡翠的透光性不是很好，低于糯化种，冰豆种的透光度约在 1 ~ 4.5cm 之间，粗豆种透光度仅有 1.5cm 左右。

（6）豆种翡翠往往用来做中档手镯、佩饰、雕件等，几乎涵盖了所有翡翠成品的类型。

## 芙蓉种

（1）芙蓉种翡翠里含有钠质闪石，细颗粒结构，肉眼见不到颗粒。

（2）芙蓉种翡翠，其颜色一般为淡绿色，不带黄色调，绿得较纯正，通体色泽一致，因此使人感到比较清澈。

（3）如果芙蓉种翡翠中有深绿色的脉则称作“芙蓉起青根”，其中分布有不规则较深的绿色时又称作“花青芙蓉种”。

（4）芙蓉种翡翠呈透明至半透明，虽不如玻璃种，但也不逊于冰种，透光度约为 3 ~ 4.5cm，色虽不浓却清澈，所以价格适中，容易被一般人接受。

芙蓉种翡翠

芙蓉种翡翠

（5）芙蓉种翡翠由于颜色较淡，所以将芙蓉种翡翠制成手镯是上上之选，这种手镯很少有绺裂和杂质，颜色清爽，质地较细，透明度较高。虽然每项指标都不是顶级，但组合在一起却效果奇佳，而价格也只能算中等偏上，非常适合中、青年女士佩戴。

（6）芙蓉种翡翠表面有蜡状光泽，质地温润，是中高档翡翠制品的主要材料。

## 铁龙生种

（1）“铁龙生”，又称“天龙生”，取自缅甸语的语音，意为满绿色。是1994年在缅甸北部帕敢矿区北部的龙脊场区发现的一个满绿色的新坑（原生矿床）翡翠新种。

（2）铁龙生种的外观较为独特，颜色满绿、深浅不一、结构疏松，差的部分含有白花和黑点。

（3）铁龙生种含有少量的含铬闪石、铬铁矿等。其密度在3.3～3.33g/cm$^3$，折射率约为1.66。

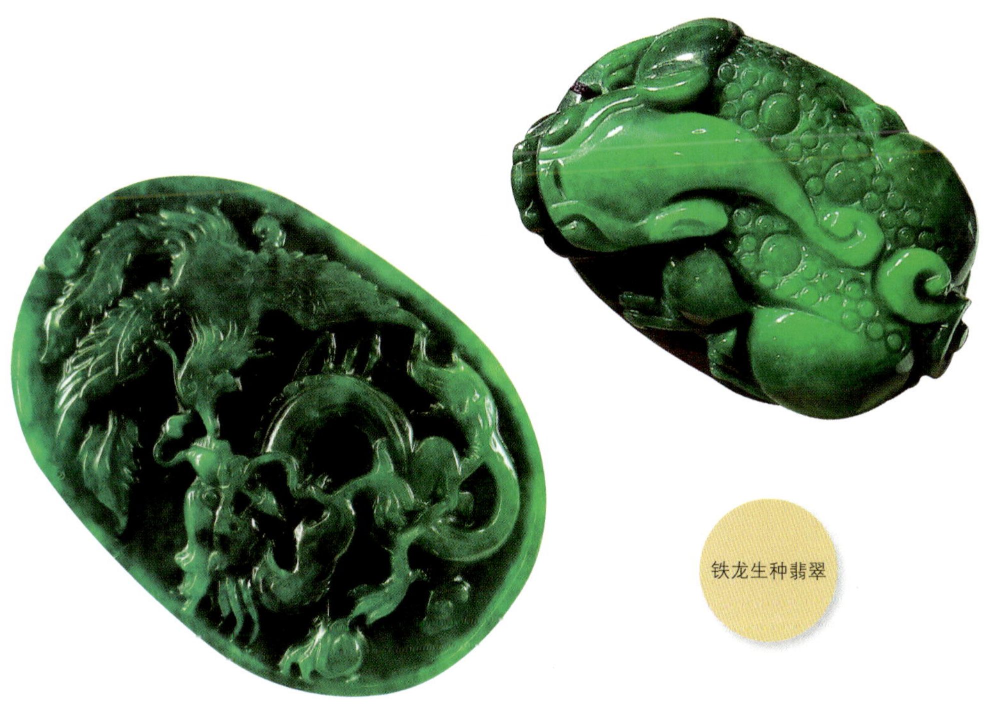

铁龙生种翡翠

铁龙生种翡翠

（4）铁龙生种是全晶质等粒半自动柱状变晶结构，颗粒粗细变化较大，透明度差，是中档翡翠。

（5）铁龙生种的绿色偏暗，常被用来制作薄叶片、薄水蝴蝶等挂件，也有用其做成雕花珠子、雕花手镯等满绿色的玉件。

## 翡翠的保健作用

翡翠含有人体所需的硒、锌、镍、钴、锰、镁、钙等30多种对人体有益的微量元素，这些元素散发的启动波和人体细胞的启动波是同一种波动状态，人体细胞随着从翡翠饰品散发出的波动产生共鸣和共振，使人体细胞组织更具活力，并促进血液循环、增强新陈代谢、及时排出体内废物。

## 紫罗兰种

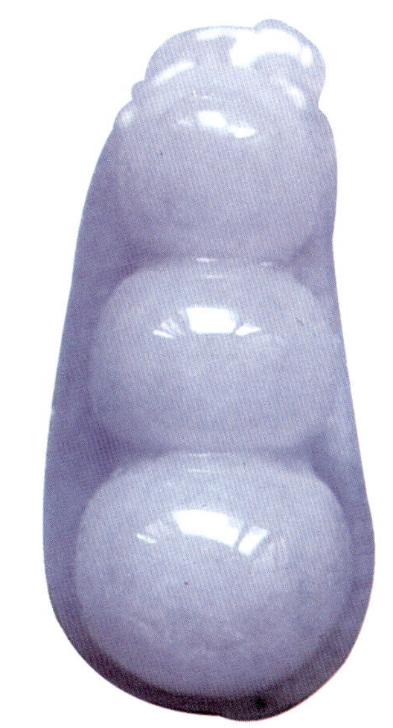

（1）紫罗兰种翡翠是一种紫色的翡翠，这是一种特殊的品种，行内人士称之为紫豆，又因紫罗兰一般在春季开花，所以行内人士又将其称之为“春”或“春色”。

（2）根据紫的色度不同，一般可分为粉紫、茄紫、蓝紫等。粉紫质地比较细，透明度好一些的比较难得，茄紫较次，而蓝紫一般质地较粗。

（3）实践中常常只将“春”分为紫春与红春，红春价值较高，紫春略低，如果得到怪桩（蓝色翡翠）的蓝春，价格变化则会有较大的弹性，虽然并不是极品，但却是翡翠商和收藏家们愿意珍藏的品种。

（4）紫罗兰翡翠色泽典雅，温馨，用它制作的饰品虽然不能算是高档极品，但是特别受到消费者的青睐。

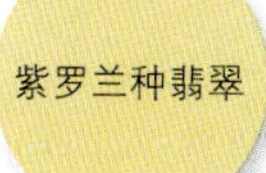

紫罗兰种翡翠

## 花青种

（1）花青种含有一定比例的钠铬辉石，结晶颗粒较粗糙，肉眼即能轻松地辨认出矿物晶粒的形状，敲击翠体的声音不再清脆悠扬，而明显呈石声。

（2）花青种翡翠底色为绿色、无色，不透明至微透明。

（3）花青种虽然是绿色，但分布极不规则，不规则的颜色可深可浅，分布时密时疏，因此这类翡翠被称为“花青种”。

（4）绿色有浅绿、深绿，形状有丝、脉、团块状及不规则状。

（5）花青种可以细分为：豆花青种（底为豆色，结构较粗）、普通花青种（绿色不规则状或飘花）、马牙花青种（马牙种为底）、油底花青种（油青为底，飘有绿色）等。

（6）其中豆花青种，又称八三花青种，是近年市面上出现的新品种。指粗粒、不透明、颜色为豆绿色且分布不均匀的翡翠。由于这种种质的翡翠质地不密，缺乏光泽，含蜡较多，常被误认为是翡翠 B 货。

（7）花青种的翡翠由于底色的缘故多加工成佩饰、坠饰和雕件，又因为它的质地不够细腻，透明度也很低，所以很少用来做手镯。花青种翡翠的商业价值属于中档翡翠。

花青种翡翠

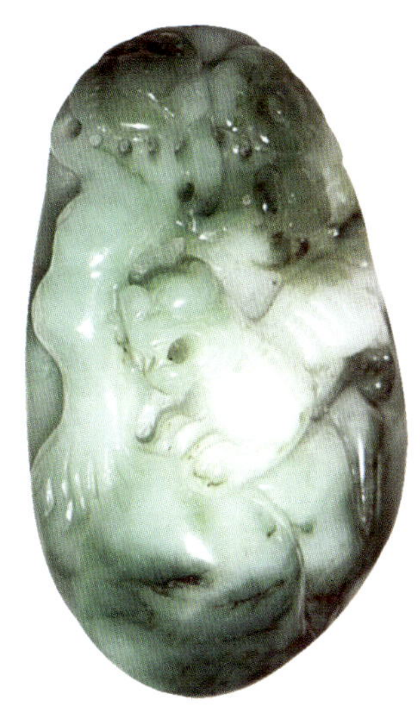

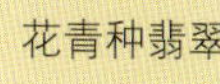

花青种翡翠

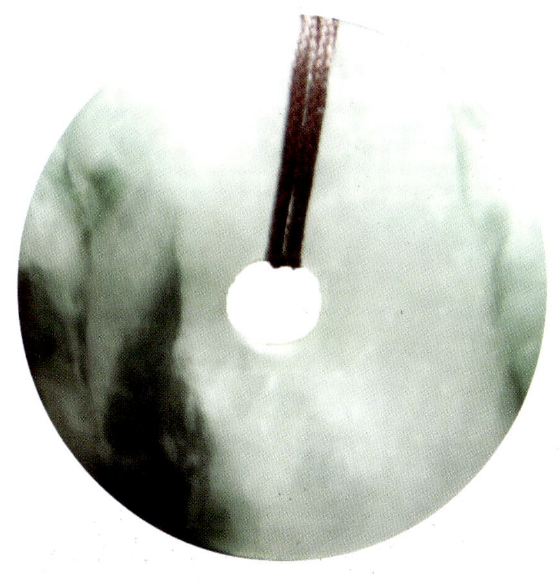

## 油青种

（1）油青种翡翠是指绿色较暗的一种翡翠，颜色呈不纯的绿色，给人一种掺有灰、蓝的感觉，亦有浅青、深青，质地有油浸的感觉。

（2）油青种翡翠透明度较高，质地细腻，肉眼很难辨认出其矿物组分颗粒，敲击其材料有金属般脆声。

（3）油青种翡翠的绿色缺乏鲜度、亮度和纯度，有些绿色中还带有黑点。

（4）行内称油青种为“较亏的品种”，意思是指虽然它的种分、透明度、颗粒细腻程度都不错，但其绿色偏灰泛蓝，简单来说就是“好种”无“好色”。

（5）颜色较深的，行家称之为“瓜皮油青”；较浅的称之为“鲜油青”。

（6）翡翠手镯、花件和各种中档戒面中常常出现优质油青种的身影，但人们很少用它做雕件。

油青种翡翠

冰种翡翠吊坠

重量：23g

参考价：9.3 万～ 11 万元

豆种白色翡翠

## 按颜色分类

### 单色翡翠

汉代人王逸记述了汉代人所崇尚的玉之“符”：“赤如鸡冠，黄如蒸栗，白如脂肪，黑如纯漆，玉之也。”汉代的这一标准为后人所推崇，明代以后的很多论玉、辨玉的文章中都有类似的标准，或在这一标准上加以扩充，如“青如蓝靛”之类的语言。深入研究起来，古人所讲的玉之符中，包含了颜色及光泽的变化，蒸栗、脂肪、鸡冠之色并非标准色谱中的黄、白、红色，且其色如色谱所示黄、白、红的矿物，绝非美玉。玉之色变化无穷，颜色的优劣自有一套标准，但又是相比较而言。只有德、符并举的翡翠才可登巅峰之座。

翡翠挂件

在自然界所有的天然玉石中，翡翠的颜色是最为丰富多彩的。翡翠颜色按光谱色分为 7 大类：红色、橙色、黄色、绿色、青色、蓝色、紫色。如果再加上黑色、白色与无色，一共是 10 种颜色，而在这所有的颜色中，以绿色为最优的品种。

在珠宝行业和玉雕行业中，对翡翠颜色的命名也是不一样的。例如珠宝行业将绿色称为翠，紫色称为春，黄色称为翡。而玉雕行业也把绿色称为翠，将紫色称为翡，黄色则称为皮。但不管怎么说，最具经济价值的颜色肯定是绿色。

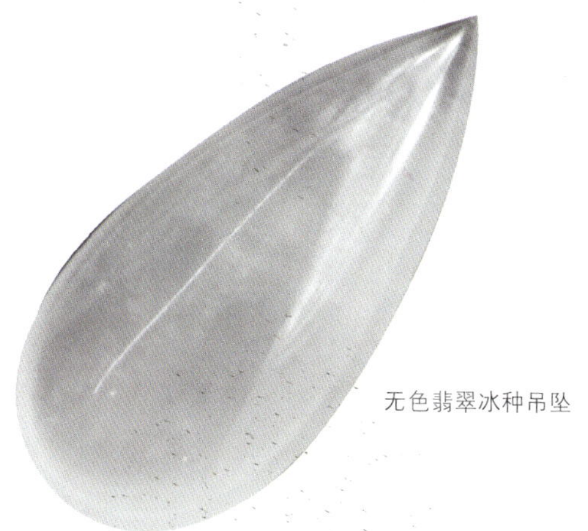

无色翡翠冰种吊坠

冰种龙牌

## 无色翡翠

无色的翡翠一般都是很纯的硬玉岩（狭义定义下标准的翡翠）。顾名思义，无色翡翠就是没有颜色的翡翠，除了水头很高、质地很细腻的品种外，真正无色的翡翠比较少见，大多呈灰白色或白色。

## 白色翡翠

在翡翠原料中，灰、白色调占据了很大的比重，而这些灰、白色的翡翠大多属于中低档翡翠。在翡翠工艺品雕件及饰品中往往需要其他色调。灰、白色类翡翠形成一系列过渡色，其中白色可分为乳白、瓷白、雪白、羊脂白，还有浅灰白、灰白等。若白色翡翠透明度高，质地细腻，那仍然算得上是翡翠上品。有一种罕见的乳白色翡翠，质地细腻、半透明，其乳白的颜色主要是来自其内部大量细小的白色棉絮状包裹体，按宝石学理论，属于经典的假色。

冰种白翡翠戒指

冰种白翡翠吊坠

墨翠观音牌

重量：48.3g

参考价：12.8 万～ 15 万元

18K 铂金配钻墨翠满绿吊坠

参考价：23 万～ 25 万元

## 黑色翡翠

黑色翡翠在翡翠工艺品雕件及饰品中占有非常特殊的地位。

行话说："绿随黑走，黑伴绿生。"说明翡翠中黑与绿有着密切的伴生关系。经过鉴定，若黑色是散布于其他颜色的底上，黑色部分大都属于不透明的暗色闪石族矿物，则这种黑色对翡翠的价值有着巨大的负作用。行话还说："有黑绿老，有黑绿透。"这里的黑色往往是富含过渡金属致色离子 Sn，因此表现出黑色。而在强光下，仍有一定透明度的可以表现为绿色，这种情况下的黑色对翡翠的价值无明显的负作用。但如果黑色部分的主要矿物为绿辉石，这时的黑翡翠就有了一个更响亮的名字"墨翠"。

## 橙色翡翠

橙色翡翠在工艺品雕件及翡翠饰品中就更加少见了，橙色可以依附于红色的外缘，却很少单独出现。橙色按深浅程度可描述为深橙色、橙色、浅橙色。橙色翡翠的质地一般，透明度中等，颜色并不是很鲜艳，因此判断橙色翡翠应依据其内部颜色而不是皮壳颜色，橙色翡翠位于红翡与黄翡的过渡带上。

显微镜下，橙色在翡翠的多晶体集合体中，多沿矿物晶粒间隙呈网状密集浸染分布。橙色在上述区域颜色浓重，其余部位矿物颗粒颜色很淡。橙色不能进入到矿物晶体内部的现象，说明了翡翠的橙色并非原生的颜色。

红橙色的鲜艳程度与质地、水头有密切的关系，水头越长、质地越细则色越艳丽，水头越短，则色越呆板。

官官连升翡翠牌

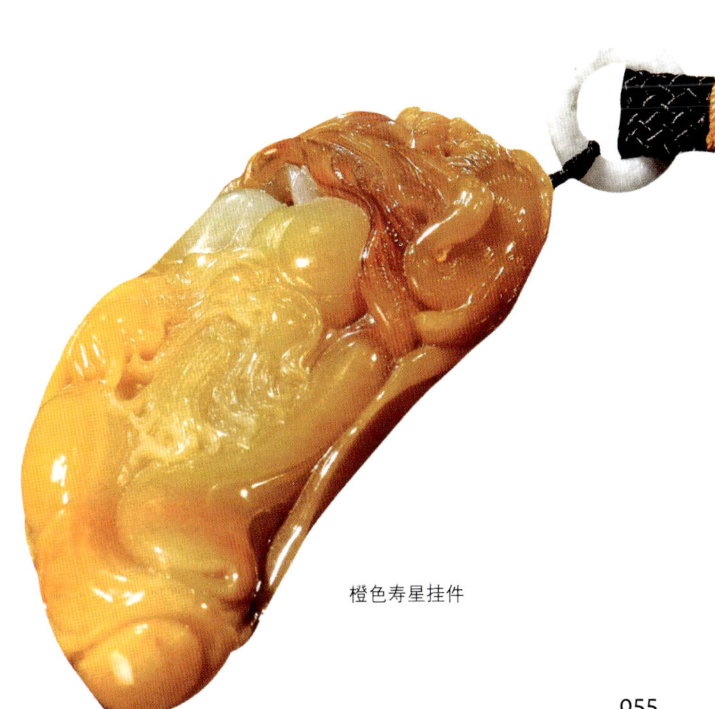

橙色寿星挂件

## 黄色翡翠

黄色翡翠可分为黄翡和翡黄两类，黄翡是以翡色（褐红）为主、带有黄色色调的翡翠；翡黄则是以黄色色调为主、带有褐色色调的翡翠，最黄的可呈鸡油黄、柠檬黄和栗子黄。在行业内，如果配上较好的种水，此三种黄色翡翠的价值均较高，甚至可以达到收藏级别。

**18K 铂金配钻石黄翡戒指**

重量：13.5g

参考价：3.8 万 ~ 4 万元

**18K 铂金配钻石黄翡戒指**

重量：6.7g

参考价：1.1 万 ~ 2 万元

黄色翡翠在翡翠饰品及工艺品雕件中出现的概率较高，从取材判断多出现在皮壳层表层或下部，从翡翠中硬玉矿物的结构、结晶、构造特征鉴定，翡翠的黄色为次生浸染而成。这也很好地解释了翡翠黄色的分布为什么呈网脉状、花斑状。因为绝大多数翡翠黄色的形成都与翡翠受到的后期改造作用有密切的联系，所以黄色翡翠的质地一般比较疏松，透明度也不会很高。最优质的黄色翡翠通常都形成于翡翠水石的外皮，厚度较低。

黄色翡翠的颜色描述有深黄色、浅黄色、金黄色和橙黄色。

**18K 铂金镶钻黄翡手链**

重量：12.3g

参考价：2.68 万 ~ 3 万元

红翡吊坠

重量：8.4g

参考价：2.28 万～ 5 万元

18K 铂金配钻红翡吊坠

参考价：16.8 万～ 20 万元

## 红色翡翠

红色翡翠在翡翠饰品及工艺品雕件中出现的概率非常小，按质量由高到低，可以分为血红色、橙红色、大红色和粉红色四种红色翡翠。根据翡翠的定义，红色的翡翠应称为翡，其实翡色是翡翠中与绿色相对的一种颜色，是翡翠中最常见的几种颜色之一。不过在实际生活中，见到的翡或多或少地都带有褐色调、黄色调，因此“翡”的概念也渐渐地接受了黄色调与褐色调，而不再是红色翡翠的专有名称，也出现了“黄翡”等词，并受到了行业内外的认可。

显微镜下，红色在翡翠的多晶体集合体中，多沿硬玉解理纹中、晶粒间呈网状密集浸染分布，在上述区域晶粒颜色浓集，其余部位颜色很淡。红色的鲜艳程度与质地、水头有密切关系，水头越长、质地越细则色越艳丽，水头越短则色越呆滞。

大部分的翡色（实际上是褐红与褐黄的混合色）主要出现在翡翠的皮壳中，或沿裂隙分布在翡翠中。一般认为翡色属于一种次生色，翡色翡翠是含铁量较高的翡翠风化后的产物，在紫色、白色或绿色翡翠形成后，由于某些原因使其暴露于地表，遭受风化雨淋，使翡翠表皮中的二价铁离子变成三价铁离子生成褐铁矿或赤铁矿，沿翡翠颗粒之间的显微缝隙慢慢渗入而成，这是在翡翠成岩后形成的颜色。

## 红色翡翠的选购

红色翡翠的数量较少，质地细腻、颜色通透浓艳的红色翡翠是非常难得的，具有较高的收藏价值。不过，红翡的收藏有一个问题，那就是在市面上经常可以见到一种烧红的翡翠，这些红翡是后天经过人工加热处理，烧成红色的，这样的红翡没有收藏价值。烧红的红翡外表常形成一层均匀的红色，像糊连在翡翠的外表，不自然，不美，也缺乏灵气，收藏者购买时一定要小心。

**红翡戒指**

重量：4g

参考价：1.8 万 ~ 3 万元

**红翡吊坠**

重量：8.3g

参考价：4.5 万 ~ 6 万元

根据翡色翡翠的色彩，翡色可分成红翡与翡红两类。其中红翡是以褐色为主，带有红色的翡翠，较常见；而翡红则是以红色为主，带有褐色的品种，更具经济价值。狭义的翡色实际上指红色或黄色都不很明显时，饱和度较低的一种淡红褐色或浅褐红色的颜色。当翡红色或翡黄色的颜色深度适中而又出现在水头、质地较好的翡翠中时，也可有较高的市场价值。特别是当这种颜色有一定厚度时，就可以在雕刻上投入较大的力量，行业中称为“投工”，做出成品的效果也别有一番味道。翡翠中的翡色多被用作俏色作品，尤以把玩件为多，行话说的“坨坨料”就大多指有翡色的皮壳。全部为红色的翡翠能独立成器的较少。

**18K 铂金配钻石冰种满绿吊坠**

参考价：88.8 万～ 95 万元

翡翠观音雕件

## 绿色翡翠

绿色在翡翠的多种颜色中占据着非常重要的地位，具有较高的经济价值，翡翠业内习惯把绿色称为“翠”。老一辈专业人士从绿色的深、浓、淡、浅、匀、花、闷、鲜等 8 个方面详细论述了宝石级翡翠的绿色。再配合近年来对翡翠的研究，可以将其浓缩为“阳、正、浓、俏、和”五个字，这也是几代翡翠人从实践中总结出来的重要经验。“阳”是指黄味要足够，绿色调的翡翠加上适当的黄色调，会显得更加鲜艳；“正”是指色泽纯正，不偏蓝、偏灰或夹杂其他颜色；“浓”是指翡翠的颜色要饱满，有“绿得能捏得出水来”之说，专业上称饱和度高；“俏”是十分美丽，行话称为“抢眼”，专业称为颜色的刺激纯度高；“和”是说色彩均匀，与地子的颜色和谐。这 5 个字十分精辟地概括了色彩的精髓。

行业中按照色调将翡翠的绿色分为以下几种：

（1）祖母绿、翠绿：绿色纯正、鲜艳、饱满、不含任何偏色，质地细腻，分布均匀，其中祖母绿比翠绿饱和度更高，是绿色翡翠中的极品。

极品满绿翡翠手镯

（2）秧苗绿、苹果绿：颜色浓绿中稍显一点点黄色，几乎看不出来，绿色饱和度比翠绿和祖母绿略低，也是绿色翡翠之难得佳品。

（3）黄阳绿：绿色鲜艳，略带微黄，就像初春的黄杨树叶。

（4）鹦鹉绿：绿色如同鹦鹉的绿色羽毛一样鲜艳，微透明或不透明。

（5）葱心绿：绿色像娇嫩的葱心，略带黄色调。

（6）豆青、豆绿：绿如豆色，是翡翠中常见的品种，玉质稍粗，微透明，含青色者为“豆青”。

（7）蓝水绿：半透明至透明，绿色中略带蓝色，玉质细腻，也是高档翡翠。

（8）瓜皮绿：不透明至半透明，绿色不均匀，并且绿色中含有青色调。

（9）菠菜绿：半透明，绿色中带蓝灰色调，如同菠菜的绿色。

（10）墨绿：不透明至半透明，色浓，偏蓝黑色，质地纯净者为翡翠中的佳品。

（11）蓝绿：蓝色调明显，绿色偏暗。

满绿项链

（12）蛤蟆绿：不透明至半透明，带蓝色、灰黑色调。

（13）油青绿：透明度较好，绿色较暗，有蓝灰色调，为中低档品种。

（14）灰绿：透明度差，绿中带灰，分布均匀。

按绿色的浓艳程度分为：

（1）艳绿：半透明至透明，绿色均匀、鲜艳、纯正，属名贵品种。

（2）阳俏绿：绿色鲜艳明快，娇嫩纯正。

（3）浅阳绿：微透明至半透明，绿色浅淡、鲜明、纯正。

（4）浅水绿：绿色淡而均匀，透明度较好。

（5）蓝绿：绿色中微带蓝色调，以宝石学观点称之为绿中微蓝。正因其绿中微蓝的色调使其看起来冷静神秘，给人较“沉”的感觉。

（6）翠绿：绿色鲜活，若生于玻璃种中，如绿水般摇晃欲滴，颜色较艳绿浅，为标准绿色之代表。

（7）浊绿：颜色较淡绿色深，但略带混浊感。

（8）阳绿：绿色鲜阳，微带黄色调，也因其黄色而使绿色中带有亮丽的生命感。

（9）淡绿：绿色较淡，不够鲜阳。

（10）黑绿：绿色浓至带黑色调。

（11）暗绿：色彩虽浓但较暗，有时带有灰色调，不鲜艳，但仍不失绿色调。

江水绿

阳绿翡翠贵妃镯

翡翠中的“满绿”在行内常指那些颜色鲜艳且质地通透的上等品种，是种与色的完美结合，也是德与符的统一。而干青种等干绿无种的翡翠即使绿色满布也不将其称为满绿。因此我们在收藏翡翠的时候，要注意真正了解“满绿”这个概念。

满绿是翡翠绿色的最佳分布状态。这里指的不仅仅是绿色的满布，更指绿色的鲜艳与均匀。一般来说，玉石商们不会轻易地称赞某一块翡翠为满绿，只有在绿色同时符合了浓、俏、正、阳、匀等多项因素的情况下才会使用“满绿”的称谓。例如，油青种翡翠的绿色偏灰泛蓝而且黯淡，虽然分布十分均匀且满布于翡翠全身，但任何专业人士也不会将其称为满绿。

膏药绿也称为靠皮绿，顾名思义即指接近翡翠表面而且缺乏厚度的绿色。这些绿色虽为天然，但分布的范围仅限于表面的一层，下方大多数皆泛翠绿色，故易造成假象，以为是满绿。翡翠原石表面纵裂大量的密集近平行排列的裂隙，证明了翡翠形成后期受到了强应力的作用，裂隙穿过原生带状绿色，甚至还造成绿色的错位，这对于翡翠的雕刻是十分不利的。

现在随着人们喜爱翡翠程度的不断加深，加之各地对翡翠的称谓有所区别，绿色翡翠的行业名称除金丝绿、宝石绿、豆绿、黄阳绿等继续延用外，还有秧苗绿、菠菜绿、鹦鹉绿、葱心绿、油青、鸭屎绿、江水绿、匀水绿、丝瓜绿、瓜皮绿、冬青绿、阳俏绿、苹果绿、鸭蛋绿、墨绿等几十种称谓，但是在选料时，最好不要硬套哪种称谓，可以临时用一种相似色来比较。

宝石绿翡翠手镯

紫罗兰翡翠手镯

**18K 铂金镶钻紫罗兰翡翠吊坠**

参考价：11.8 万 ~ 15 万元

## 紫色翡翠

紫色在中国古代封建社会中被称为帝王色，从紫微大帝到紫禁城，从老子出关的紫气东来到紫衣绶带等都显示了紫色在中国神圣而高贵的地位，其实在翡翠市场中，上好的紫色翡翠的价格也不会逊于绿色翡翠。

紫色在翡翠工艺品雕件及饰品中较为常见，质地大多较粗糙，很多紫色翡翠有大量的棉絮状白色包体，散乱没有规则地分布在紫色翡翠上面，就好像白色的面粉一样，所以行内称此现象为“吃粉”。

紫色翡翠又称紫翠，色称为春花、春色，其中紫罗兰是翡翠中最常见且有较高市场价值的颜色之一。紫色高雅浓艳，浅紫秀美清淡，红紫富丽庄重，独具特色。市面上常见的紫色翡翠根据其色彩及饱和度可以分成 5 种：皇家紫、红紫、蓝紫、紫罗兰、粉紫。

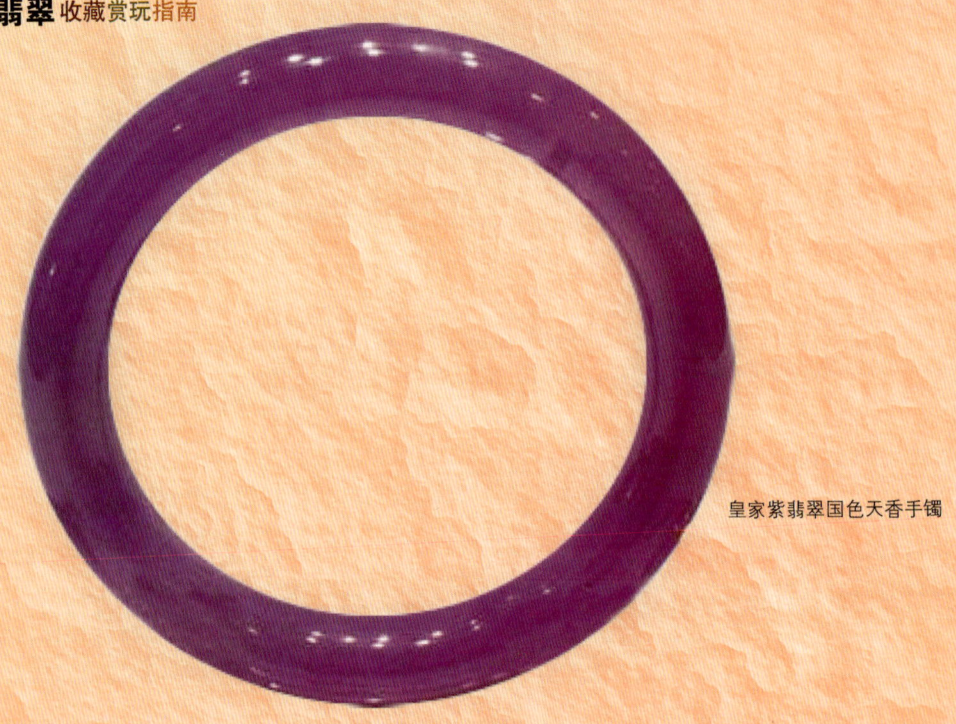

皇家紫翡翠国色天香手镯

（1）皇家紫：是指一种浓艳纯正的紫色，它的颜色色调非常纯正，饱和度一般较高，亮度中等，因而显出一种富贵逼人、雍容大度的美感。这种紫色难得一见，具有很高的收藏价值。

（2）红紫：是一种偏向翡红色调的紫色，它的颜色饱和度通常中等，少见饱和度很高的翡翠，这种翡翠在紫色翡翠中不常见，也有很高的收藏价值。

（3）蓝紫：是一种偏向蓝色的紫色，它的饱和度变化较大，从浅蓝紫到深蓝紫都可见到，是紫色翡翠中较常见的类型，行话称为“茄紫”。当饱和度偏高时，颜色常有灰蓝色的感觉，亮度一般较其他类型低。

（4）紫罗兰：是商业翡翠中最常见的一种，紫色从中等深度到浅色，这种紫色常常出现在一些质地或粗或细的翡翠中，有时也会和绿色一起出现，形成所谓的“春带彩”，是紫罗兰种翡翠的标准色。

（5）粉紫色：是一种较浅的紫色，可以有偏红或偏蓝的感觉，但达不到红紫或蓝紫的水平，虽然紫色仍然比较明显，但饱和度比较低。它常常出现在一些水头较好、质地细腻的翡翠中，其经济价值在所有紫色翡翠中是最低的。

## 尊贵的紫色

紫色是中国道教和古代帝王推崇的颜色，从“紫气东来”“紫衣绶带”中我们不难看出紫色的崇高地位，所以紫色就成了神秘、富贵和华丽的象征。紫色的翡翠首饰贵气袭人，尤受东西方女性的青睐。紫色的翡翠，在一般黄光下面看，会显得紫色较深，选购收藏时最好在标准晴天的自然光下观看。质地细、透明度高、紫色深的翡翠非常稀有，因而价格较高。

### 青色翡翠

翡翠的青色一般来说都比较黯淡，通常只是作为翡翠的底色，不作为翡翠真正的颜色出现。青色虽然算不上鲜艳，却能营造出一种氛围，行话所说的“江水绿”即指此色。

青色类在工艺品雕件及翡翠饰品中比较常见，市面上出现比较频繁的青色类有油青色、深青色、浅青色等。油青色是种与水的合称，油青种的颜色就是青色，即具有较高透明度，但觉得阴沉的翡翠颜色。深青色、浅青色则是对颜色深浅程度的描述。

青色翡翠弥勒佛吊坠

## 蓝色翡翠

蓝色在翡翠工艺品雕件及饰品中非常少见，行业内称其为“怪桩”。天然翡翠没有纯正的蓝色，这里所说的蓝色色调一般都偏紫或偏绿，而且明度不强，往往偏灰。

蓝色翡翠的价格不算高，但因为人们好奇的心理，所以也受到了收藏者的喜爱。

蓝色翡翠玉石戒面

## 褐色翡翠

褐色翡翠大部分都是出现在河床阶地中的翡翠卵石，经过漫长地质年代的风化作用，翡翠卵石上形成一层褐色皮壳，氧化铁浸染到皮壳层下，色由浅逐渐变深，也有的是在翡翠矿床中裂隙的发育区域由氧化铁长期不断浸染形成。褐色类翡翠在翡翠饰品及工艺品雕件中占有较大比例，褐色翡翠的颜色有褐、深褐、浅褐与黑褐色，并形成一系列深浅之间的过渡色。由于褐色是在特定的地质环境中形成的，其分布状态与人工染色是截然不同的。

冰种褐翡吊坠

褐黄翡如意吊坠

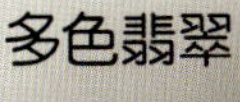

## 多色翡翠

### 翡红翠绿

翡翠的宝石学名称就是根据它最鲜艳也是最常见的两种颜色命名的，翡红与翠绿的同时出现无疑是最名正言顺的翡翠了。行内把红色或黄色的翡翠称为翡，绿色的翡翠称为翠。

黄翡绿翠是多色翡翠中最常见的一种，在中国尤其受到广东等南方诸省人士的青睐，并将黄翡绿翠的把玩件定名为“黄加绿”。优质的红翡绿翠是具有很高收藏价值的品种。

翡翠的黄色和绿色是一对鲜明的对比，黄色正好是国人皮肤的颜色，而绿色在黄色的映衬下往往也显得更加明亮动人。

红翡绿翠摆件

红翡绿翠

### 春带彩

顾名思义，春带彩有紫春（红春）与翠绿两种颜色。在翡翠中，春指紫罗兰，带春的翡翠也称为紫罗兰翡翠。可以说，在所有翡翠的颜色中，绿色与紫色的经济价值最高，这两种颜色的同时出现必然会大大提升翡翠的价值。

春带彩翡翠吊坠

春带彩翡翠鼻烟壶

不过美中也有不足，优质春带彩的质地虽然较好，即行话所说的“肉细”，但大多数春带彩的种水并不算好，甚至还比不上糯化种，而且两种颜色也很难同时鲜艳明快。因此，春带彩这个品种的翡翠虽然有两种顶级颜色加盟，但其价值却处于一个比较尴尬的状态，始终难以登峰造极。从市面上看，优质的春带彩具有较高的收藏价值。

### 福禄寿

福、禄、寿在民间相传为“天上三吉星”。福，怀抱婴儿表示五福临门；禄，手捧如意寓意高官厚禄；寿，手捧寿桃意为长命百岁。民间喜欢把福、禄、寿三星作为生活中象征幸福、吉利、长寿的祝愿。

如果一件翡翠中既有绿色，又有红色和紫罗兰色，就称这块翡翠为“福禄寿”。福禄寿是人们对生活的最高期望，中国自古至今，就有“福无双至，祸不单行”的说法，认为好事成双已属不易了，如果能同时得到福、禄、寿，一定是人间最快乐和幸福的事情。但实际上“福禄寿”只是具有三种不同颜色的翡翠总称，并没有规定具体的颜色分别应该是什么。获得市面最高认可的福禄寿颜色组合为红、绿、紫，此外还有黄、绿、紫与红、黄、绿两个小品种。值得一提的是，有人将白色也算为其中的一个颜色，其实这是错误的。福禄寿的翡翠具有很高的收藏价值。

福禄寿三色翡翠金鱼手把件

福禄寿三色飘花手镯

福禄寿三色手镯

福禄寿喜双龙佩

### 福禄寿喜

福禄寿喜本来是太平歌词的一个曲目，这里则是四色翡翠的代名词，其颜色组合为红、绿、紫、白或红、黄、绿、紫，是多色翡翠品种中颜色最丰富的一种。可是在小块的翡翠上几乎不可能同时见到很多颜色，所以用于雕刻的都是体积较大的原石，主要用来雕刻摆件等大型的雕件。福禄寿喜这种翡翠在市面上比较罕见，因此这种翡翠的收藏价值就比较高。福禄寿喜翡翠四种颜色在同一块翡翠上的概率不大，常作为多件套，如果每件体积不够大，则收藏价值也一般。

福禄寿喜吊坠

### 五福临门

所谓“五福临门”，就是指中国传统五福的说法，福、禄、寿、喜、财是传统五福的主角。珠宝玉石界也将翡翠中五种最漂亮的颜色与这五福相联系。具体的搭配如下：红色代表福气，即“福”；绿色代表钱财，即“禄”；白色代表长寿，即“寿”；黄色代表财富，即“财”；紫色代表喜庆，即“喜”。要想五种不同的颜色（颜色组合：红、黄、绿、紫、白）同时出现在一块翡翠上，难度可想而知，所以五福临门的翡翠几乎就属于理论级别的，甚至在拍卖市场上也很难见到其踪影，因此五福临门翡翠的收藏价值非常高。

翡翠五福临门挂件

# 第二章 琳琅满目的翡翠饰品

# 翡翠饰品分类

## 翡翠首饰

翡翠首饰是指首饰的主体由翡翠打造而成的，其中包括翡翠手镯、翡翠戒指、翡翠胸饰等。

各类翡翠首饰

**高冰种翡翠手镯**

重量：77.36g

参考价：5.3 万 ~ 6 万元

## 翡翠手镯

手镯亦称“钏”“手环”“臂环”等，是一种戴在手腕部位的环形装饰品。据相关文献记载，在古代不论男女都戴手镯，女性作为已婚的象征，男性则作为身份或工作性质的象征。在古代社会，人们还认为戴手镯可以避邪或碰上好运气。手镯堪称翡翠首饰之翘楚，翡翠以色为重，手镯更是以色为先。

**高冰种翡翠手镯**

重量：96.17g

参考价：14.6 万 ~ 18 万元

## 戴手镯的规则

戴手镯也有一定的规则，不能完全随心所欲，否则会贻笑大方。我们戴手镯，想戴几只，可以根据自己的意愿，这个没有过多的规定。如果只戴一只，应戴在左手上，不可戴于右手；如果想戴两只，可以双手各戴一只，也可以都戴在左手上；如果戴三只，就应都戴在左手上，不能一个手腕上有一只，一个手腕上有两只。人们一般不会戴比三只更多的手镯，如果要这样佩戴，就都要戴在左手上。

**春带彩手镯**

圈口：5.8cm

翡翠福镯

冰种黄翡圆条手镯

### 福镯

福镯又叫圆条镯，指的是内圈、外圈和条杆圆的手镯。福镯是一种流传已久的经典镯形，讲究精圆条厚，庄重正气。手镯圆润饱满，外圆、内圆、环圆可谓是三圆合一，象征着事业和生活都圆圆满满，佩戴在手腕上，可显出女性贤淑温婉的气质，也可保平安，是佩戴收藏的最佳选择。

糯化种翡翠贵妃镯

### 贵妃镯

贵妃镯是指内圈和外圈扁圆，条杆从弓形到圆形不等的手镯。相传杨贵妃十分喜爱椭圆形态的手镯，后人称其为贵妃镯。贵妃手镯其实就是对椭圆形手镯的美好称谓，适合手小巧的人士佩戴，因其形与人手腕形相吻合，佩戴起来更舒服，同时显得手更加美丽、纤细，别具妩媚的风格。

贵妃手镯

墨绿翡翠平安镯

翡翠平安镯

## 平安镯

平安镯是指内圈和外圈圆，条杆从弓形到半圆不等，因为内圈磨平，称为平安镯，也叫扁口镯，就是现在市面上90%以上镯子的式样。平安镯出现的时间比较晚，可以说是现代的发明。其好处是节省翡翠工料，内圈贴腕，不过内圈打磨一定要好，不然会磨粗了手。这种镯子百搭，任何玉种玉色都有。

**飘花紫罗兰平安镯**

圈口：5.9cm

### 南工美人镯

美人镯是钏的变种，虽然也是内圈圆、外圈圆、条杆圆，但是条杆直径极细，基本上是现在镯子的一半到三分之一，属于苏州细工，因为考虑到南方女孩子手小，镯子重了很累，所以条杆直径非常细。美人镯胜在娇俏灵动，但不贵重，所以一般不用太好的种色，种大概在糯以下，色也不用满，一抹绿或飘花或一抹红（一抹红的更好）为佳。

美人镯

竹镯

### 竹镯

竹镯是将手镯刻成竹子的形状，用竹叶、竹枝和竹节做装饰，可以将一管竹子弯成一圈，绕在手腕上。南方也做这种竹镯，但是往往做成圆的；北方常在竹节处做出棱角，可做八节（就是八边形）、九节（九边形）和十节（十边形）。这种镯子适合年纪较大的女性佩戴，北方的竹节镯常用白底青的，讲究“清白有节”，节同女子守节。

### 北工方镯

北工的很多方镯做工非常大气，且常用方型棱角。方镯有两种：一种是内圈和外圈都是圆的，条杆是矩形的；另一种内圈是圆的，外圈是八边形，条杆也是类似矩形的。

北工方镯

### 各式工镯

工镯所用的玉种通常来说都不是上乘的玉种，而且一个镯子上有很多种颜色，因此具有高超技艺的工匠就因俏色做出各种吉祥如意的图案。因为手镯的内圈要紧贴手腕，因此内圈不会上工，以免会硌手。为了凑颜色，所以镯子或圆或扁也没有规定。这种工镯做到极致的话，苏工可用软玉做出镂空花样，北工可在镯子条杆两边整圈雕出精圆珍珠边。

工镯

镶金翡翠手镯

## 镶金翡翠手镯

在中国传统文化中，金和玉象征高贵与纯洁，就像李白诗中所写："金樽清酒斗十千，玉盘珍羞直万钱"。金镶玉象征"金玉良缘"，预示着有情人终成眷属。金镶玉不仅提升了翡翠的价值，K金、钻石与翡翠的完美搭配也显示出了夺目的光彩，堪称尊贵吉祥与超凡脱俗的完美结合。

冰种翡翠鸳鸯镯

## 鸳鸯镯

鸳鸯镯是指成对的手镯，这种手镯可以上工也可以不上工，不拘泥于统一的样式，因为鸳鸯镯本身就是精品了，但是无法鉴定镯子是否是从一个玉胎里出来的，所以遇到这样的玉料，都是由技艺精湛的工匠来做，既能保证镯子的质量，又可以证明镯子没有作假。

## 翡翠手镯取不下来了怎么办?

首先，最常用的方法便是用洗手液或肥皂涂抹手部，特别是大拇指和食指的关节处。然后，将佩戴翡翠手镯的这只手平放，大拇指放到小指的根部，尽量把手掌缩成最小体积，另一只手抓牢翡翠手镯开始卸，卸的时候可以轻轻旋转手镯。注意操作时，一定要将手镯抓牢，以免用力过猛而在卸掉手镯以后手镯脱手而出造成损坏。脱落时最好在地面铺一层软毯或者直接在床上进行，以防翡翠脱落时遭到破坏。

### 麻花 / 绞丝镯

这种镯子在北方称为麻花，南方称为绞丝，是工镯的一种。麻花镯开始是仿的银镯里的麻花杆式样，只是将福镯那样的圆镯表面刻成麻绳表面那样的纹路。苏工对这种镯子的式样要求精益求精，把镯子的每一股都分开，但是都依顺序角度缠在一起。

这种镯型把玉工发挥得淋漓尽致，多用软玉加工，可做成三股四股，到六股或再多的话基本就不能佩戴，只能放着当艺术品了。

清 满绿翡翠麻花镯

满绿翡翠手镯

## 翡翠戒指

戒指，古代称为“指约”或“指环”。它起源于中国古代宫廷，是后妃用来表示自己身体不适的标记，以作告诫。“戒指”一词也是由此得名。后来，戒指逐渐变成婚姻的信物。现代，戒指成了广泛使用的装饰品。

翡翠戒指小巧玲珑，男女皆宜，是翡翠饰品中的常见类型，表达着人们对于感情永恒、人际关系圆满和谐的祝愿。

冰糯种阳绿戒指

参考价：2.8 万 ~ 3.2 万元

不同类型的戒指

明 翡翠扳指

翡翠扳指

**高冰种翡翠戒指**

重量：9.7g

参考价：8.8 万 ~ 10 万元

翡翠戒指主要可以分为两类，一类是素身型，一类是镶嵌戒面型。

### 素身型的翡翠戒指

素身型的翡翠戒指是指整个戒指都是由翡翠一体切磨而成，不用任何金属作镶嵌，直接佩戴在手指上。这类戒指通常戒面是翠绿色的，指圈部分是白色的；如果全部翠绿则是非常完美的。素身型的翡翠戒指大多呈现古朴端庄的风格，其形制主要有扳指、马鞍戒、圆鞍戒等。在这里我们只简单介绍扳指和马鞍戒。

冰种满绿翡翠扳指

冰种阳绿金蟾戒指

参考价：2.6 万 ~ 3 万元

一、翡翠扳指

扳指，为圆筒形，戴在右手大拇指上，拉弓勾弦时免得勒手。又写作“搬指”或“班指”。扳指是一种实用具，大量使用的扳指是用骨头制成的，只有身份极高的人才用玉扳指。扳指由皮套演化而来，时兴于元朝，材质有玉石类和骨质类。清朝时，乾隆皇帝极喜爱扳指，喜欢两手拇指都戴上扳指，因此当时的权贵人家争相效仿，也以有扳指为荣。当时的翡翠扳指几乎没有雕琢任何纹饰，主要突出翡翠的种水色。在清代，一只高档翡翠扳指是十分昂贵的，可以换到几座宅院。

二、翡翠马鞍戒指

翡翠马鞍戒指整体为宽条圆环状，分面和脚两个部分，弧形面肩凸出圆环形成一个长方形的戒面，形状像马鞍。

翡翠马鞍戒面

在我国清朝，人们为纪念骑马打天下的英雄，以饰用马鞍戒面作缅怀，一般都戴在无名指上。当时的翡翠马鞍戒指分为男戒和女戒，成双成对，男戒厚大，女戒窄小。现代人把成对的马鞍戒指作为夫妻戒或情侣戒使用，表现一种朴素高雅的民族感情。从现代人的装饰和审美来看，佩戴一枚翡翠马鞍戒指，无论有无绿色，都是非常好看的。马鞍戒指不挑手形，不挑肤色，几乎人人都可以佩戴。

**18K 铂金配钻石高冰种翡翠戒指**

重量：4.3g

参考价：4.8 万 ~ 6 万元

### 镶嵌型翡翠戒指

镶嵌型翡翠戒指是指使用抓、包、扎、錾等工艺，以翡翠作为戒面石，以贵金属作为戒指架子，并将钻石或其他珠宝组合在一起作为翡翠戒面的衬托，最终制作出的完整戒指。过去多使用手工制作镶嵌类翡翠戒指，近代则是模子加手工，即用模子铸出框架，用手工细致打理。

镶嵌类翡翠戒指的金属通常是纯黄金、K 黄金、铂金、K 铂金、白银及其他合金；搭配宝石通常是钻石、红宝石、蓝宝石、尖晶石、紫晶石、珍珠等。这些贵金属和钻石珠宝可以将翡翠戒面的颜色和种水衬托得更为光彩照人。

## 扳指的形制

满人的扳指最初是用鹿骨做的，后来出现了各种各样的材质，如青白玉、青玉、玛瑙、象牙、碧玺（电气石）等。自清朝以来，扳指的形制得以规范：内径约 20mm，壁厚 4 ~ 6mm，高 20 ~ 40mm，上口为斜坡，下口平整。

## 翡翠耳饰

翡翠耳饰的种类很多。根据佩戴方式，可分为垂耳式和贴耳式两类，每一类中又可分为雕花和素身(光身)两种。按形状，可分为耳钉、耳环、耳坠三种。

### 耳钉

比耳环小，形如钉状。耳钉是直接固定在耳垂上的，不能活动，为贴耳式。

### 耳环

是圆环形耳饰，有垂耳式和贴耳式两种类型。耳环最早是专指佩戴在耳垂上的环状饰物，其装饰作用非常明显，选择一对造型、颜色适当的耳环，还可以弥补佩戴者脸形或者发型上的不足。

翡翠耳环流行的时间很长，至今都是人们喜欢的饰品。环形的翡翠耳环可以分为单环形耳环、二环或三环形耳环、树叶形耳环、古钱形耳环等类型。其中单环形耳环的翡翠首饰一般都比较大，佩戴后显得大方而有生气；二环或三环的耳环是由两个或三个圆环一个套一个做成，每个圆环都是用整料琢磨而成的，各个圆环之间都可以自由转动，在工艺上说较为复杂，用料也多些。

各式翡翠耳环

但是总体来说，颜色鲜艳、种质通透的两环或者三环形的耳环并不多见，因此十分名贵；树叶形翡翠即雕琢成片叶状的翡翠；古钱形翡翠耳环古色古香，可以有多种搭配，多数都是深色翡翠。

**耳坠**

为垂耳式，通过金属件垂悬于耳垂下，可随人的行动而摆动。古代对女人有种种行为规范，走路要有所谓的“走相”，不能走得太快了，也不能走得过于风情万种。佩戴耳坠的女子行走时，要是感觉到耳坠打到了自己的脸，就需要及时纠正自己的走姿。

翡翠耳饰的制作有雕刻和镶嵌两种工艺。清中晚期的翡翠耳饰，以雕工取胜，以吉祥如意纹饰为主，透雕、浮雕相结合，极为精致小巧。民国年间的翡翠耳饰，因受西方首饰风格的影响，以镶嵌工艺为主，将一些水滴形翡翠镶成耳饰。现代翡翠耳钉、耳坠，更强调现代意识，镶嵌时还选配宝石、钻石，在保持鲜明个性的基础上，追求华贵奔放的风格。

现代翡翠首饰和玉首饰中，耳环、耳坠、耳针都要采用金银质附件，所以这三种耳饰没有根本的区别，耳环也成为耳饰物的泛称。

翡翠配钻石耳坠

**18K 铂金配钻石玻璃种翡翠耳钉**

重量：1.8g

参考价：3800 ~ 5000 元

冰种黄翡项链

18K 铂金配钻石黄翡吊坠

重量：9.8g

参考价：1.88 万 ~ 3 万元

### 翡翠胸饰

胸饰包括项链、吊坠、胸针三种。

项链是现今发现最早的人体装饰物，早期人类的服饰造型简单，颈部裸露在外，十分适合佩戴饰物，项链因此应运而生。佩戴项链，向上修饰脸部，向下与服装产生共鸣，与手上的装饰物相比对活动产生的影响也较小。同时人体的颈部线条优美，再加上项链的点缀便更加引人注目。所以项链与其他珠宝相比，位于一个极其重要的位置，而正是这个特别的位置让项链在整体装扮中起着画龙点睛的重要作用。

#### 西施与耳环

我国古代的四大美人虽有倾国倾城之貌，但也会有各自美中不足的地方。有野史记载，在中国历史上留下了浓墨重彩的一笔的西施，虽然如花似玉、能歌善舞、冰雪聪明，但她耳朵特别小，与她的美貌不般配。为了掩盖这个缺陷，西施就戴一副沉甸甸的大耳环，不但拉长了耳朵，而且衬托得西施楚楚动人。

**18K 铂金配钻石高冰种翡翠吊坠**

重量：25.4g

参考价：5.8 万 ~ 8 万元

**18K 铂金配钻石高冰种翡翠吊坠**

重量：12.5g

参考价：7.2 万 ~ 8.5 万元

吊坠则是一种简单的胸饰，从形式上看，吊坠多是指非片状的玉饰（片状的玉饰叫玉牌或别子），有雕花和素面两种。翡翠吊坠使用方便，样式较多，选择面广，比戒指和耳环等更适宜所有人佩戴。

翡翠雕花吊坠在制作时一般都是采用“随形借料”的方法，不会轻易破坏翡翠原料的基本形状，所以在形制上也没有什么规律。但是翡翠雕花吊坠也有一些共性，例如，吊坠的件头都不算大，其外表都没有尖状突起，尽可能圆润，手感舒适，大部分都选用寓意吉祥的题材，同一种题材的构图和形象上的刻画有一定的规则。翡翠雕花吊坠常见的题材有福寿、五福捧寿、福在眼前、喜在眼前、蝴蝶、双獾、弥勒、观音等。

素面吊坠表面没有雕花装饰，造型简单，主要包括圆形吊坠、长形吊坠、方形吊坠、心形吊坠、十字架形吊坠等几种。

**高冰种翡翠吊坠**

重量：19.1g

参考价：8.8 万 ~ 10 万元

圆形吊坠的外形主要为圆形，呈扁平状，中间有圆孔。以中心圆孔的大小来分，中心圆孔最小的一种叫“怀古式”圆形吊坠；中等大的叫做“玉扣”；中心圆孔较大的一种叫做“玉环式”。

心形吊坠又叫杏仁式吊坠或鸡心式吊坠，形状似心形。心形吊坠对材料的要求非常高。

方形吊坠指片状正方形的吊坠。

长形吊坠是指长度较长的圆柱形或扁圆柱形，也有圆角方柱形。

圆圆满满翡翠吊坠

**满绿项链**

单颗直径：0.6cm

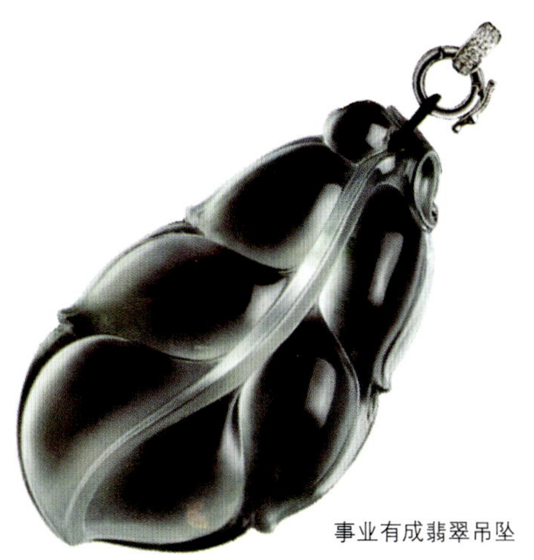
事业有成翡翠吊坠

十字架形吊坠是天主教和基督教的圣物，不仅是教徒们喜爱的佩饰，也受到了很多非教徒的青睐。

胸针又叫胸花，别在妇女衣服的前胸上，雍容华贵，是显示身份、与男人军功章相匹配的饰物。中国古代没有胸针，这种玉首饰的新形式是在清末民初传入的，首先在上流社会流行。最初传入的胸针，叫“水钻别针”，是以金银细工镶嵌而制成的花形饰品，上嵌水钻，下有别针。高档胸针嵌有宝石和钻石。基于这种原因翡翠胸花没有年代太早的，风格多为西洋式，而且制作翡翠胸花，常用小块翡翠与金银细工镶嵌工艺结合制成，翠玉仅起点缀作用，后来才用整块翡翠琢花卉或雕动物，并用钻石、金铂来陪衬翠玉。

冰种正阳艳绿蝴蝶形翡翠胸针

翡翠花草形胸针

翡翠蜻蜓胸针

现代翡翠胸针用翡翠与金银细工镶嵌工艺相结合制成，具有现代工艺精致工巧的特色。翡翠胸针分为两种，一种是雕花的翡翠用金属镶嵌，另一种是用小粒翡翠镶嵌而成。

翡翠胸针的造型和款式不多，按图案的种类来说，可分花草类、飞禽类、昆虫类、几何图类。昆虫形翡翠胸针以蜜蜂、蝴蝶、蜻蜓等造型为常见形象。花草类翡翠胸针以牡丹花、富贵花、葵花等造型为常见形象。

翡翠蝴蝶胸针

## 翡翠带饰和帽饰

翡翠的带饰指的是龙钩，其作用相当于现在皮带上的带扣。玉龙钩是在一块玉料上做出钩首、钩体、钩纽三部分结构。因为弯钩多做成螭首形，螭是无角的龙，故又名龙钩。从正面看，龙钩分为两部分：龙身及龙首。龙身为爬行的螭虎，龙首为螭首。从侧面看龙钩分为上下两层：上层是透空雕螭虎、螭首的层面；下层是底板，用以连接螭虎及螭首，在底板下有一蘑菇状纽，用以连接丝带。上层一般是翠色或翡色，下层是白色或淡绿色，这与翡翠的颜色呈条带状分布有关，同时也反映了翡翠首饰的制作要求是一定要把绿色用在器表面上。上层的螭首及螭虎多采用透空雕的技法，使得龙钩玲珑剔透、栩栩如生。

清 翡翠龙纹带钩

清 翡翠翎管

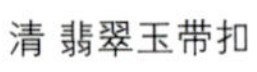
清 翡翠玉带扣

翡翠翎管

龙钩在很多年前就已经出现了，多为白玉、青白玉，但翡翠龙钩只有清代才有，均为螭形钩。在清代，翡翠龙钩是财富及权力的一种象征，也是身份的标志，用料和做工都很高档。

翡翠的帽饰在这里主要指翎管，是清代朝服官帽顶上插翎子用的饰物。

## 翡翠玉佩和别子

别子与玉牌、玉佩是同类，故许多人视之为同一种。明代把方形、长方形扁片状玉佩叫“玉牌”，明代著名的“玉牌”叫“子冈牌”，一面多为苍山云海、花草树木或典故人物；另一面多题诗赋词。

天然翡翠玉佩

别子是清代开始盛行并广泛使用的饰物。清代的服饰是披挂制，许多用来装随身实用物的香囊、荷包等，是用绳绦别挂在腰带上，为了穿过腰带时方便，在线绳一端系一块小形玉饰，叫“别子”。清代时，翡翠别子开始流行，形成了一个品种。

民国时有人将玉佩也叫作别子。其实别子与玉佩略有不同，别子因用于香囊、荷包等物之上，形制更加小巧。玉佩是直接佩于人身上，形制较大，式样更多。

现代的别子多已改为胸饰，形制更偏向小型化，形态千变万化。一些翡翠别子用金、银、铂金、钻石等镶嵌，变得更加丰富多彩、富丽堂皇。

金镶玉翡翠玉佩

翡翠玉佩

雕龙翡翠玉佩

## 翡翠牌饰

翡翠牌饰应属平面艺术的一种表现形式，起源于西周，它不同于一般的线刻平面图案，而是集圆雕、线刻、浮雕、镂雕等多种技法于一身的艺术作品。翡翠牌饰的纹饰题材十分广泛，有人物、动物、植物和仿古神兽等，以镂雕复合图案最为精美、珍贵，有很高的收藏价值。其价值由雕刻工艺之精细、题材之繁简等因素决定。

翡翠平安牌

清 翡翠龙牌

翡翠镂空牌

天然和田玉子冈牌

清 翡翠子冈牌

**翡翠子冈牌**

明代晚期著名的玉雕工艺大师陆子冈（或陆子刚）是中国古代玉雕师的典范之一。根据《太苍州志》记载称子冈为“州人”。有的学者推测子冈为今江苏省太启县人，后居苏州，存嬴靖、万历年间，以琢玉闻名于世。《太苍州志》称：“子冈死，技亦不传。”

子冈牌刻款均用图章式印款，刻字多用阳文，也有用阴文或阳文一字、阴文一字同时使用。款有“子冈”“子刚”“子冈制”三种，字体只用篆、隶两种。落款部位也十分讲究，既不显目，也不同定一处，有的在器底、器背面、盖里等。陆子冈的琢玉在中国玉雕史上占有重要地位，其作品是重要的文化艺术遗产。

翡翠的雕琢方法与和田玉有所不同，如果需要雕刻成子冈牌，必须选用质量较高的原材料，这是因为在玉雕行业中，子冈牌的做工是最难、最费工的。其费工之处就在于子冈牌属于诗文佩，正面的图案与背面的诗文都是突起来的，即阳文，而底子是凹下去的。子冈牌的做工在行业内称为“砣底”，就是用网形的砣将底砣平成长方形，而且还要留出突起的长方形边缘。要想做好，这在玉雕工艺中是相当难的。

福禄寿浮雕子冈牌

翡翠龙凤牌

翡翠子冈牌选用的原材料不能太好，第一点是不能选用满绿的原料。这是因为在满绿原料上做过多的细工会大大损伤原料，行话称为“伤料”。对于十分珍贵的满绿翡翠原料来讲雕刻子冈牌是很不合算的。第二点是一般选用种分为糯化种或冰种的材料，如果种分太好、透明度太高反而会造成意想不到的负面效果，因为如果原料的种分很好如玻璃种的话，那么这种翡翠的透明度就会很高，子冈牌正反两面都要雕刻图案与诗文，它们会透过翡翠彼此影响，反而会使其美观效果大打折扣。

有一种翡翠原料被称为“砖头料”。正如其名称，这种原料质地粗糙，没有任何透明度，偶尔有一些颜色漂浮在上面，就好像建筑工地的砖头一样，所以才会有了这样一个与翡翠这种玉石之王的概念完全相反的名称。翡翠砖头料以山石为主，本身并不具备什么特殊的潜质，也很少用于雕刻，也不再有具体的细分品种。在一些解玉的工厂中常见到被翡翠商抛弃的砖头料。因为品质很低，尤其是裂隙发育，它们绝大部分用来充当翡翠 B 货、C 货的原材料。砖头料通常体积巨大，往往一块原石可以做出一大批翡翠 B 货、C 货的成品，而这些成品的价值中几乎不包含原料的价值，因此它们的价格很低。

## 翡翠手把件

玉石的把件也常被称作玩件，这是取其把玩之意。玉器刚刚雕琢完毕的时候，雕刻痕迹会比较明显，放在手中有明显的棱角感，行业内常把这种玉器与新出土的玉器一起称为“生坑”。生坑经过一段时间的把玩，逐渐地可以将玉器表面棱角分明的地方磨圆，并且在玉石的表面形成行业内所称的“包浆”，这整个过程就称为“把玩”或者“盘”。经过盘熟的玉器表面的光泽度会有很大的提高，玉石的温润也将明显地体现出来，所以经过把玩的玉器与未经入土或早年出土后经人工盘熟的器物在行业内就称为“熟坑”。

豆种翡翠手把件

橙色翡翠貔貅手把件

冰种福禄寿喜手把件

玉石乃天地之精华，万物造化的宠儿，所以才会有晶莹润泽的美丽。既然称为玩件或把件，那这种玉器自然要在收藏者的手中不停地把玩磨搓了，因此所有的把玩件都有一个共同特点，那就是体积大小需适宜在手中磨搓，还要有一些凸出或浑网的棱角，使得它们在人手中被把玩的过程中还能明显地引起手的触觉，有的时候甚至还可以有按摩穴位的功效。把玩件通常不会选用上乘的翡翠原料，因为最高质量的翡翠原料主要用来做戒面、珠串与手镯之类的饰品而不是把玩件。用作把玩件的翡翠原料大多是有明显风化外皮的料子，行话称为“坨坨料”。由于鲜艳的风化外皮，这些坨坨料在雕刻的过程中可以依据原料的自然外形及皮子的颜色进行俏色雕刻，从而制作出颇具雕刻师风格特色的把玩件。

紫罗兰翡翠山子摆件

时来运转翡翠摆件

大展宏图摆件

出水芙蓉摆件

## 翡翠摆件

摆件指能够摆放在几案、桌子之上或庭院中的一种玉雕形式，小的只有几厘米大，而大型的则可有一两米大，重达几吨。摆件通常会以自然山水等景观作为雕刻的题材，也会选取一些人们耳熟能详的神话故事等作为内容。在摆件的下面通常要配托，有的用根雕，也有的用定制的木托。摆件的雕刻工艺是所有形式的翡翠饰品中最为复杂的，常可达到无巧不施、无工不精的境地。

春带彩玻璃种翡翠山子

高冰种满绿翡翠山子摆件

山子是置于案头或室内供观赏陈设的摆件，多用整块玉料雕成，在保留原始玉料整体外形的前提下，用叠洼的技法，雕琢具有一定含义的图案，制成后因为形状像一座小山一样，故名山子。山子是大型的玉摆件，古时候称为重器，最早见于唐代，到宋元时期成为常见的玉雕品种，通常用来表现人物、山水、动物、植物等人文景观和自然景观。山子的雕琢技法较为全面，镂雕、浮雕、圆雕、线雕结合使用，具有较高的艺术性。山子的题材生动，主题完整，非常有诗意。通过概括而简练的手法和表现技巧，构成了一个统一完整的艺术形象。

山子中较为恢宏豪气的作品是非常难能可贵的，这是因为翡翠大型的原料本身就很少，而中高档的原料作大型的山子又是不太可能的，因此只能选择质量较低的石料翡翠，但是山子又是一种非常费时间的雕刻形制，因此较高的雕工技艺和较差的翡翠原料很难达成统一，这也就决定了上好的翡翠山子的数量少之又少，翡翠山子在当今市面上非常少见。

# 翡翠饰品的选购

## 翡翠戒指的选购

（1）在选购翡翠戒指时，以其颜色、种、水、大小、净度、做工为主要依据。颜色以正绿为最佳；一般为“老种”或“新老种”，质地要均匀；戒面上不能有绺裂、棉絮、黑点等。做工要长、宽、高比例适中，弧面平滑丰满，刻面平直整齐。

（2）在选购翡翠戒指时，最好由本人当面试戴。戒圈的大小要以被套的手指关节粗细为标准，过紧佩戴会不舒服，过松则容易掉脱，所以最好选择刚刚能过手指关节，佩戴后稍有紧感的戒圈为宜。行内人士认为，“冬选松，夏选紧”，特别是在挑选镶嵌类翡翠戒指时更应当注意。

冰种翡翠戒指

参考价：13.8 万 ~ 15 万元

18K 铂金配钻石高冰种翡翠戒指

重量：7.7g

参考价：15.3 万 ~ 18 万元

18K 铂金配钻石墨翠戒指

重量：9g

参考价：3.8 万 ~ 5 万元

（3）每个人的手指特点不同，购买翡翠戒指时可以根据自身手指的长短、粗细、指甲形状等来选择不同的类型。如手指短而瘦的人，适合腿脚细窄的椭圆形戒指，不宜选择大而多棱的戒指。手指长而胖的人，可以尝试多种式样的翡翠戒指。手指粗的人，适合宽窄适中的翡翠戒指，过宽或过窄的戒指腿脚会使手指显得更粗。

（4）年轻女性手指较为纤细，适合选择精致小巧的翡翠戒指；年长女性更适合造型稳重、高雅的翡翠戒指；男性则应选择庄重含蓄、造型简练的。

（5）肤色深的适合佩戴颜色较为浓重的翡翠戒指；肤色较白的适合选用颜色淡雅的翡翠戒指。

18K 铂金配钻石冰种翡翠戒指

重量：5.9g

参考价：3.3 万 ~ 5 万元

## 戒指的戴法

戒指一般戴在左手上，戴在哪个手指上，都有不同寓意，国际上比较普遍认同的习惯是：

大拇指上很少戴戒指，双手其他的各个手指都可以佩戴。

食指上戴戒指，代表本人想结婚而尚未结婚。

中指上戴戒指，代表本人正处于热恋之中。

无名指上戴戒指，代表本人已经订婚或已经结婚。

小指上戴戒指，代表本人只想独自生活，也就是表示本人是个不婚族。

## 翡翠耳环的选购

（1）购买翡翠耳饰时，应注重翡翠的颜色和切工，以种水色好、抛光优良、比例协调、线条流畅者为佳。

（2）翡翠耳饰的形状大小各异，选购时应考虑佩戴者的体型、脸形和肤色等，以此选择耳环的长短、大小。圆形和长形脸形的女性，既可选戴贴耳式耳环，也可选戴垂耳式耳环；方脸形的女性，以选贴耳式耳环为佳。

（3）佩戴翡翠耳环，也要注意与自己颈部及耳形的协调。颈部较长的女士，宜选购垂耳式耳环，佩戴荡环更显窈窕动人。耳垂大的人，要选大的耳环；耳垂小的人，宜选小耳环。

（4）翡翠耳饰与发型相配，可以产生更好的修饰效果。如长发可以选用长形的翡翠耳坠，在飘逸的发丝中有翡翠耳坠若隐若现，倍添婀娜；短发则可以戴上简单雅致的翡翠耳钉，显得洒脱干练。

翡翠耳环

**18K 铂金配钻石高冰种翡翠耳坠**

重量：6.7g

参考价：1.8 万 ~ 3 万元

冰种翡翠手镯

重量：73.35g

参考价：5.5 万 ~ 6 万元

高冰种翡翠手镯

重量：96.38g

参考价：17.8 万 ~ 19 万元

## 翡翠手镯的选购

### 看做工

首先看其外形的轮廓好不好。例如其外形轮廓是否对称，若是不对称，则影响美观。还要将手镯平放在玻璃板上，用手指轻轻触动，如有微动者，说明做工不好。

其次看条子粗细与圈口的关系。一般来讲，圈口的大小应和条子的粗细有一定的比例，通常圈口小，条子相应就要细；圈口大，条子就要粗。行业中一般遵循这样的规则，圈口内径5.0 ~ 5.5cm，条子径为0.6 ~ 0.8cm；圈口内径5.6 ~ 6.5cm，条子径0.8 ~ 1.0cm为宜。但是，也有的地方喜欢粗条子，如云南腾冲所做的玉镯，圈口不算大，但条子却很粗。这种手镯，行家称之为“腾冲工”。又如在越南，那里的人，比较喜欢细条子，框口又小条子又细则被称之为“越南装”。一般年纪大的人偏爱戴粗条子，给人一种厚实稳重之感，年轻人喜欢细条子，给人一种纤细灵动小巧活泼的感觉。

最后看其表面打磨（抛光）是否良好。一般来说，好的翡翠玉镯不仅圈口大小与条子粗细协调美观，而且加工精细、规整，表面抛光良好，手摸上去均匀一致，有良好的润滑感。雕刻有图案和纹饰的手镯，雕工精细，抛光到位，图案对称、合理，手感好。总之，好的抛光给人一种灵动温润的美感。

### 看颜色

三色翡翠手镯，指手镯上有三种颜色，最好的三色是红、绿、紫，便是民间称为“福禄寿”的著名品种。如果三种颜色在手镯上分布得当，即三种颜色各占1/3；或是绿色占得较多，如3/5，红与紫各占1/5时，更是名贵品种。如果红、绿、紫三色分布如上所述，色彩又很鲜艳，再加上种好、质地好，这样的翡翠手镯可以说是无价之宝，但在天然翡翠料中很难寻觅得到。

三色翡翠手镯还有其他三色类型，如红、绿、黄三种颜色的翡翠手镯也是名品。总之，只要三种颜色配合得好，讨人喜欢，其价格一般都很高，极具收藏价值。

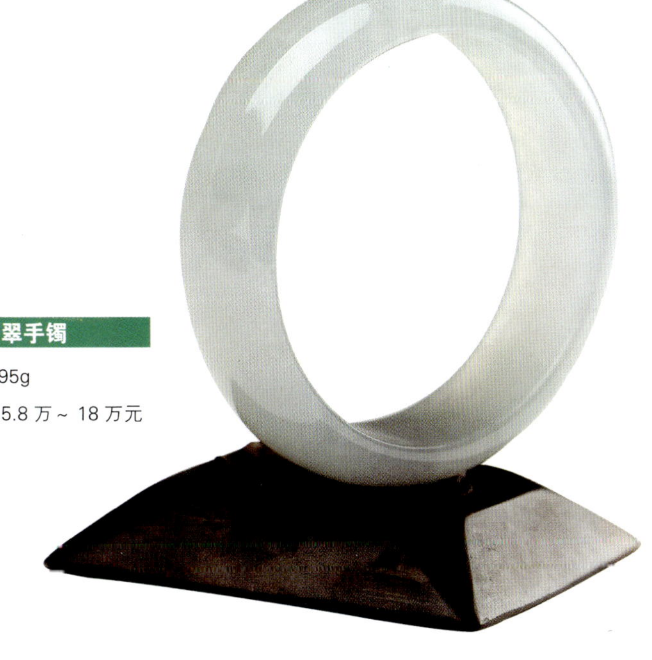

**高冰种翡翠手镯**

重量：68.65g

参考价：13.8万～16万元

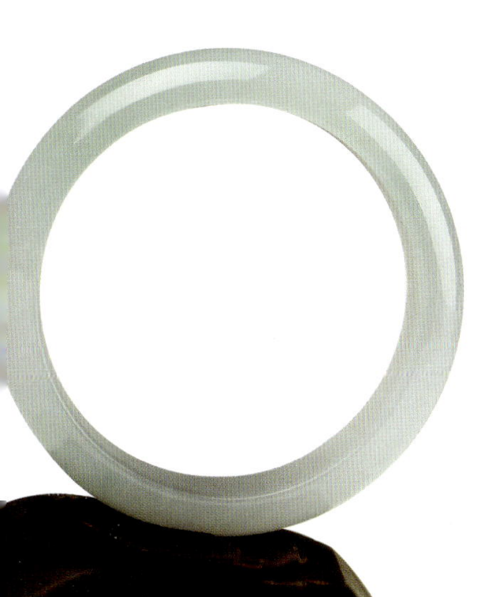

**高冰种翡翠手镯**

重量：82.95g

参考价：15.8万～18万元

冰种三色翡翠扁条手镯

福禄寿三色飘花手镯

春挂彩手镯

紫青玉手镯

两色翡翠手镯也很名贵，如“春挂彩”手镯，是指紫罗兰的手镯中央具有绿色的条带。如手镯是紫色的，在紫色中还有绿色条带或绿色斑块，则叫“紫青玉”。有的紫青玉手镯，“紫色”和“绿色”都非常鲜艳，分布配合得很好，十分吸引人，也是高档手镯。其价值以“绿色”所占比例多少来定，“绿色”多者价值高。

## 翡翠项链的选购

首先，组成项链的翡翠珠粒完好，尽可能避免有明显的裂隙或破缺。珠链的珠径大小应适中。珠粒的眼要打得直，且孔径一致。串链时珠与珠之间的缝隙要紧凑，不能太空虚。

镶嵌类翡翠项链

其次，整条珠链的配色及大小应该协调一致。如果珠链达不到种色一致，但颜色具有某种变化规律，如浓度或色调渐变，令人赏心悦目，也不失为上品。

最后，珠链镶嵌的接头要精密，不能残留粗糙的痕迹，应光亮而华丽。结扣应拧紧保证牢固，以防散落。

**18K 铂金配钻石高冰种 翡翠项链**

重量：12.4g

参考价：2.68 万 ~ 3.5 万元

冰种翡翠项链

## 翡翠项链的搭配

在佩戴翡翠项链时，要注意的是项链的颜色和佩戴者之间是否合适。

一般来说，种水好的绿色翡翠项链，让人感觉平和，比较适合一些有阅历的优雅女性；而偏蓝色的翡翠项链，让人感觉比较庄重，比较适合成年女性；红色的翡翠项链比较适合中年女性；黑色或灰色比较适合中老年女性。

再说服饰的颜色搭配。如果是墨绿色的翡翠项链，不适合与海蓝色、暗绿色、褐色等类的服饰搭配，否则会显得暗淡无光。

**18K 铂金配钻石高冰种翡翠吊坠**

重量：9.8g

参考价：8.8 万 ~ 10 万元

白色的翡翠项链，给人清爽洁净的感觉，与白色或深色裙装都很协调，但不宜和粉色、淡灰色、青灰色等浅色类服装搭配，否则易产生孤独寂寞之感。如果是偏蓝绿色的翡翠与白色服装相配，显得斯文雅致。戴紫色翡翠项链时，青年女子可以穿着淡雅的衣服，以显示温馨浪漫；中老年女性则可以搭配较深色的服装，显示沉稳大方、风韵端庄的气质。红色的翡翠项链，着装可选用黑色或灰色等。黄色的翡翠项链适合浅色衣服，但如果是较为浓艳的黄色，则可以搭配华丽的服装，会使人产生富贵的印象。

## 根据脸型挑项链

瓜子脸：在选购项链时，不宜挑选 V 字形的翡翠项链，这会加重脸型尖线条的痕迹。

圆脸形：这样的脸型看起来显得很可爱，应该考虑选择佩戴长一些、珠子中型大小的翡翠项链，这样能使脸型看起来稍稍长一些。

椭圆脸形：这样的脸形，无论搭配任何款式的翡翠项链，都会很好看。但如果呈长椭圆脸型，最好选择用短小的项链加以协调。

国字脸：因脸型方方正正，所以在选购时，若想使自己的脸看起来比较修长，那么佩戴“V”字形的项链加上翡翠吊坠会更好。若想使自己脸部线条不是那么明显，则可以选择细小的翡翠，可以给脸型增加柔和的感觉。

## 翡翠花牌的选购

首先要看翡翠材质的优劣，其次看花牌的构图和细节，还要看其意境。此外，其形制不宜太大。应选择那些主题鲜明、造型美观的花牌，不但好看还能体现出佩戴者的个人素质和文化修养。但是这种种水好、构图好、雕刻工艺好、有意境的花牌在市面上是比较少见的，所以，可以退而求其次，选择一个比较独特的或是自己喜欢的花牌。

翡翠花牌

## 翡翠胸针的选购

### 外形大小与身材的搭配

翡翠胸针是一种优雅的精品装饰，不但能显示出个人的修养，还能展现出个人的身份地位，所以选择翡翠胸针时要与自己的身份、体形相符。身形高大的女士，要佩戴体量较大的翡翠胸针，展现出自己大气与开朗的个性；如选体量较小的翡翠胸针，就会显得比较小气。当然，身形娇小的女士，就要佩戴体量较小的翡翠胸针，只有这样才能显示出娇小玲珑、柔美可爱的一面。

镶钻翡翠胸针

翡翠如意形胸针

### 造型的设计

翡翠胸针的造型各式各样，种类繁多，犹如前文介绍的几种类型，每一款造型都能把女性内心的个性展现得淋漓尽致。但是除了考虑造型的轮廓是否活泼、流畅之外，还要考虑造型的内容。比如蟹形翡翠胸针，是表现“携（蟹）手白头或同谐（蟹）白首”的寓意，适合已婚女士佩戴，未婚少女则不宜。

### 材质和做工

翡翠胸针的材质，首先要看颜色，在色、种、质、工几个要素中，颜色是第一位的，所选之色以浓艳为佳，翡翠的“种”反而不是很重要。翡翠胸针的做工以薄、小巧为佳，较笨重的别在衣服上会下垂，影响使用。

## 翡翠摆件的选购

### 选购山子

在选购翡翠山子时，鉴赏重点在于其山形与整体结构，看是否和谐美观有力度。外形轮廓应优美；山石、树木、亭台、楼阁、人物等应比例恰当；整体雕刻应主次分明，有层次，有山林之趣。

此外，还应根据摆放位置而选择合适的大小。如在居家室内陈列，一般翡翠山子的尺寸在 20 ~ 50cm 大小最为合适。若过小，人处于室内最大距离处就会观赏不清楚；若过大，则空间会显得太拥挤局促，不利于陈设与观赏。而要在室外庭院或广场陈列翡翠山子，则可选择与场地相配的大尺寸者。

双喜戏梅

喜上眉梢

## 选购器皿类摆件

购买这类翡翠摆件时，应选择翡翠原料方正、块头较大、颜色不花不脏者，器皿身上不能带绺带裂。摆件造型应端正、大方、对称，各部比例得当，掏膛规矩，厚薄均匀，庄重大方，做工严谨，所有横线都应是平行的，前后左右应是对称的。其配座应平稳牢靠，大小匀称，能衬托主体。器身浮雕花纹做工应精细，有层次感。如果摆件的顶部、两肩雕有立体兽头或花头，应以造型生动、装饰性强、对称性好者为佳。

器皿类翡翠摆件

翡翠竹保平安摆件

天师

## 选购人物造型摆件

（1）看造型。要先看造型，了解其寓意，再结合自己的实际情况，看是不是自己需要和期待的。

（2）观察材质与雕工。人物造型应比例得当、形象生动、有动态感。其中，面部和手的刻画是重点，面部不能有脏色、杂色和瑕疵，手的线条应流畅自然。

（3）所雕刻人物的神态和神韵。其神态和神韵应符合人们心中的形象，如神佛庄重，寿星慈祥，儿童可爱。

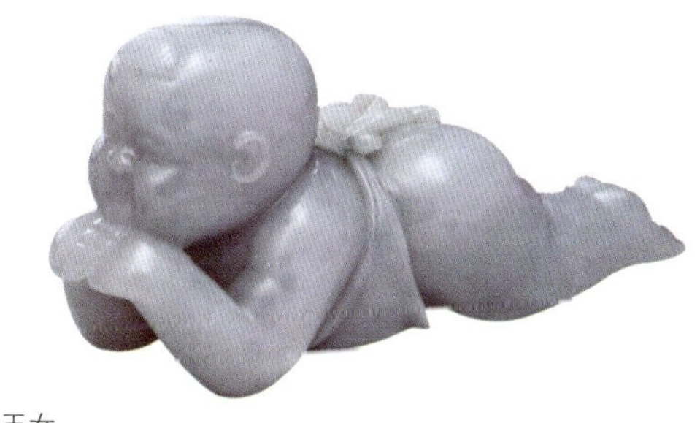

金童玉女

翡翠十二生肖贺寿图

## 选购吉祥类摆件

在选购这类翡翠摆件时，应注意其造型是否栩栩如生、生动传神，雕工是否流畅，尤其是细节部分。此外，还要看其对俏色的利用，是否巧妙独特。

## 选购现代题材类摆件

现代题材类的翡翠摆件风格多样，题材丰富，取材于现代生活，符合现代人的审美情趣，富有创意，其整体造型、色彩与主题相协调，具有观赏价值，特别是一些表现重大活动的翡翠摆件，还具有纪念意义。选购现代题材类的翡翠摆件，首先，应考虑其所表现的主题是否符合购买的需要；其次，看造型是否生动形象，色彩搭配是否合理，雕工是否细致；此外，还要考虑翡翠摆件与陈设空间的装修风格和色调是否相协调。

牧羊图翡翠摆件

## 翡翠的雕刻工艺

翡翠雕刻常用工艺有浮雕、透雕、圆雕、游丝毛雕、阴刻、斜刀、汉八刀、切割痕、拉锯痕、管痕、单面钻、双面钻、通心穿、象鼻穿、剔地阴纹、描金、嵌宝、留皮（去皮留色）、俏色、补整、托底等。

翡翠今非昔比摆件

## 浮雕

浮雕是雕塑与绘画结合的产物，用压缩的办法来处理对象，靠透视等因素来表现三维空间，并只供一面或两面观看。浮雕是翡翠雕刻最常见的方法。在平面或弧面的翠料表面上，对本来是立体的动物、人物、花卉、山水等形象采用了压缩体积的方法，通常只是压缩厚度，保持原来长与宽比例关系来表现艺术形象。雕刻者可利用物像厚度被压缩程度的不同，运用受光后所形成的明暗幻觉、凹凸面的不同形象和各种透视变化来表现空间感和立体感，从而使浮雕在表现原则上更接近绘画的方式，特别是薄意雕就更像绘画了。浮雕的空间构造可以是三维的立体形态，也可以兼备某种平面形态；既可以依附于某种载体，又可相对独立地存在。因此可以说，浮雕是一种介于圆雕和绘画之间的艺术表现形式，在题材的选择、工艺技法和形象的刻画上形成了自己的特点。

**满绿聚宝袋**

尺寸：4.5cm×1.8cm

**墨翠关公**

尺寸：7cm×4.5cm

**冰种三彩观音**

尺寸：4.5cm × 2.5cm

参考价：4000 ~ 6000 元

**墨翠观音**

尺寸：6cm × 3cm

在题材的选择方面，由于浮雕强调平面效果，一些在圆雕中无法表现的题材可以在浮雕中得到完美的表现。例如，一些圆雕很难表现的环境，浮雕表现起来却得心应手。再者圆雕很难将风景题材表现出来，而浮雕却可以在这方面大展身手。题材的广泛性和接近绘画的表现方式使浮雕有着广泛的用途。

根据物像被压缩空间的不同深度，浮雕又可分为高浮雕和低浮雕两种基本形态。

**三彩手把件**

尺寸：8cm × 6cm × 5cm

参考价：15 万 ~ 16 万元

阳绿满绿荷叶

尺寸：4.5cm × 3cm

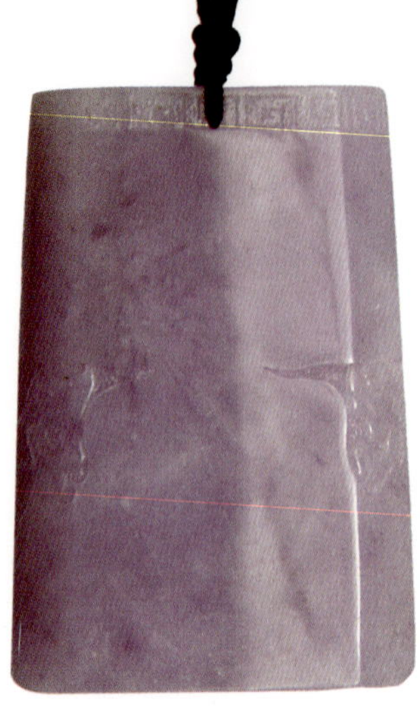

紫罗兰仿古牌

尺寸：6cm × 4cm

### 高浮雕

高浮雕由于起位较高、较厚，形体压缩程度较小，因此其空间构造和塑造特征更接近于圆雕，甚至部分处理完全采用圆雕的处理方式。高浮雕往往利用三维形体的空间起伏或夸张处理，形成浓缩的空间深度感和强烈的视觉冲击力，使浮雕艺术对于形象的塑造具有一种特别的魅力和表现力。在实际运用中，高浮雕又常与低浮雕一起运用，使前景、中景、远景的空间立体关系得到充分表现。

### 低浮雕

低浮雕也被称为薄意雕或者浅浮雕，薄意雕的深度比浅浮雕更浅，“薄意”是取其薄如纸之意。浮雕一般是将形象轮廓之外的空白处去掉等深的一层，使形象略微凸起，平面感较强，更大限度地接近于绘画形式。主要不是靠实体性空间来营造空间效果，而是更多地利用绘画的描绘手法或透视、错觉等处理方式来造成较抽象的压缩空间，这有利于加强浮雕适合于载体的依附性。低浮雕适用于高档翡翠。

三彩观音

尺寸：5cm × 2.5cm

### 立体雕

立体雕其实是高浮雕技法的发展。一般浮雕都是在平面或弧面玉料上进行的，而立体雕却可用于任何形状的玉料。在雕刻中，使用的是深浮雕的工艺方法，形成了“丈山尺树，寸马分人”的造型特点。玉雕中的山子雕法就是典型的立体雕。

### 透雕

透雕又叫镂空雕，是在低浮雕或高浮雕的基础上，将某些相当于“底”或背景的部位进行镂空处理，使形象的影像轮廓更加鲜明，使作品能体现出玲珑剔透的工艺效果。

此外，为加强形象的表现力和立体感，浮雕形象边沿与底的关系也可派生出其他技法。

紫罗兰貔貅

尺寸：5cm×3.5cm

## 翡翠玉镯是不是一摔就坏？

翡翠属于硬玉，它的硬度是6.5～7，在玉石中它的硬度是最高的。同时，它的韧性也很强。另外，翡翠的密度也很大，结构也非常紧密。众所周知，结构致密的材质肯定比结构疏松的材质结实得多，因此，翡翠抗外界击打的能力还是很不错的。但翡翠的价值一般比较高，即便它不是那么脆弱，我们也应该小心呵护。

## 线刻

线刻是一种古老的雕刻技艺，是用工具在翡翠器物上以线条形式刻画图形的工艺。线刻可分为阴刻线和阳刻线两种。

阴刻：沟槽似的线，线低于平面。

阳刻：凸起的棱线，但其最高点仍与平面相同。

## 嵌宝

翡翠雕刻时的俏色还可以有另一种，行内称为“嵌宝”。这个概念有些类似“镶嵌宝石”的意思，它所描述的情况的确与宝石在贵金属上的镶嵌相似。利用天然翡翠的颜色，只留下其中很小的一块并尽可能地使其突显出来，雕刻为成品后，给人的感觉就像是在翡翠雕件上面镶嵌了一块彩色宝石一样，颇具创意，这种特殊的俏色就是嵌宝。

翡翠金榜题名摆件

**冰种黄翡观音**

尺寸：5cm × 3cm

参考价：6000 ~ 8000 元

压丝嵌宝技术是在翡翠产品上浅刻槽线，将金银丝用小锤敲入槽内而在玉石表面组成图案。金银丝与翡翠同处于一个平面上，出现玉的金银交错的效果称为压丝。在翡翠上压金银丝、嵌宝石，称为压丝嵌宝。

**冰种黄翡蝴蝶**

尺寸：5cm × 2.5cm

参考价：2.6 万 ~ 2.8 万元

# 打麻点

打麻点也称打麻地，是指在翡翠的表面打上许多椭圆形或圆形的凹坑，增加一些表面粗糙的视觉效果，很多时候用在小摆件、把玩件的制作上，如用于荷叶的雕刻上，也有的用在其他植物的叶上。

打麻点是压棉的一种不错的选择，凡是在翡翠表面有棉的地方，可以通过打麻点产生的凹坑将棉打掉，所以收藏时也要注意，通常满绿或种水很好的翡翠是很少打麻点的，不仅因为麻点会造成对原料的损伤，更因为麻点的出现会降低透明度，从而在行业内成为了中低档货的象征之一。

**冰种飘花四季平安豆**

尺寸：6cm × 2cm

参考价：3 万 ~ 3.5 万元

**冰种福瓜**

尺寸：4.5cm × 2cm

参考价：1.5 万 ~ 1.8 万元

# 其他

## 象鼻穿

象鼻穿指并排二孔内部连通。古代时用于玉带銙或玉带板的制作，为使正面看不到任何遭破坏的痕迹，只在背面四角打四组穿孔，将捆系之绳系于后方。

## 斜刀技法

西周玉器在继承商朝玉器双线勾勒技艺的同时，独创一派的坡粗线成为细阴线镂刻琢玉的工艺，这在兽面纹玉饰和鸟形玉刀上有明显的表现。它虽然继承了殷商双阴线或阴线减地的雕法，但是，创造性地演变成阴线斜刀的琢玉风格也已经形成。以片状玉做动物剪影形成的造型还是承袭殷商而来，其中大部分为片状玉器，仅有少数立体雕作玉器。纹饰的线条流畅自然，布局均匀，在刀法上，使用斜刻的宽阴线与细阴线结合，使玉器纹饰有阴影的层次感。这都是西周初发展出来的新刀工，俗称“大斜刀”。直到现代，翠雕人物的鼻子、口部上下嘴唇等部位，还常采用斜刀的技法加以切削。

**冰种福禄寿**

尺寸：4.5cm × 3cm

参考价：3.8 万 ~ 4 万元

## 翡翠花

翡翠花件的种类繁多，大致可做如下分类。

按雕琢工艺分：有单面浮雕（另一面光身）、双面浮雕、一面浮雕一面线雕和双面线雕四种。其中双面浮雕又有通花和不通花之分。

按花件形状分：常见的有椭圆形、圆形、长方形、三角形（较少见）、锁牌形和不规则形几种。

**冰种湖水绿佛公**

尺寸：3.5cm × 3cm（左）
2.8cm × 2.5cm（右）
参考价：4 万 ~ 4.5 万元

按雕琢的内容分：二龙戏珠（两条云龙一颗珠）、龙凤呈祥（图案为一龙一凤）、岁寒三友（松、竹、梅）、松鹤延年（仙鹤、松树）、福禄寿（蝙蝠、鹿、桃）、福在眼前（一蝙蝠与一古钱）、五福捧寿（周围五只蝙蝠，中间有一寿字）、福至心灵（蝙蝠、寿桃、灵芝）等多种多样。

具体操作类似雕刻印章时的斜刀技法。有如执硬笔（钢笔或原子笔类）式，下刀时要带一定的角度，并行双阴线中，磨去其一的线墙，使其成斜坡形。雕制完的玉器表面由斜刀留下来的曲线十分明显，而且因为雕刻得很浅，不会伤到原料，这种技法通常运用在质量较好的原料上，可以使雕刻线条委婉流畅。

## 和合二仙

翡翠摆件等作品中常见到和合二仙这个题材。这两位神仙分别指寒山和拾得，他们都是唐代的高僧，后来演变为古代的神仙。我国民间珍视他俩情同手足的情意，把他俩推崇为和睦友爱的民间爱神。至清代雍正皇帝正式封寒山为“和圣”，拾得为“合圣”，和合二仙从此名扬天下。他们手中一人执荷花，一人捧盒，盒盖稍微掀起，内有一群蝙蝠，从盒内飞出。“荷”“和”与“盒”“合”同音，取和谐好合之意。

清 翡翠珍珠多宝头饰

连年有余摆件

## 翡翠的雕刻风格

翡翠雕刻、琢磨的历史源远流长。如“君子无故，玉不去身”“君子比德于玉”“君子佩玉”等，都反映出了玉石在中国人乃至东方人心中的崇高地位。可以说，独特的玉文化已经成为中华民族博大精深的传统文化的一个缩影。人们常说：人靠衣装，那么玉可就要靠“刻”装了。玉石雕刻风格的演变正是玉文化发展历史的重要组成部分之一，近代以来，尤其以作为玉石之王的翡翠雕刻风格的转变为典型代表。

清 翡翠挂件

## 传统题材

传统雕刻图案的主题往往是以中国传统的吉祥图案为主。俗话说:“人臻五福，花满三春”。五福，是吉祥的具体化。福、禄、寿、喜、财，在民间即被称为五福;福星、禄星、寿星、喜神、财神，在仙界被尊为五福神。用于翡翠等玉制品雕刻的图案有双喜临门、纳福迎祥、福禄寿禧、鹤寿千年、招财进宝等。此外，图腾崇拜是各古代民族文化共有的特点。在中国古代，龙、凤、麒麟等就是人们崇拜的神兽，它们的出现是人类的福音。因此，此类图案如凤羽祥云、龙凤呈祥、麒麟吐书、麟凤呈祥等被大量地运用到翡翠的雕刻上。而宗教活动从唐朝开始至今历久不衰，因此以佛教为主题的内容也常常出现在翡翠雕刻中，如八吉祥、菩萨保佑、和合二仙等。

由于封建统治阶级对人民思想的禁锢，翡翠宣扬的多是神之美，因此那时的应用对象便有着明显的皇族化、贵族化倾向，成为“贵族之宝”，打上了深刻的阶级烙印。玉器、翡翠饰品所描述的多是升官、发财的内容，如官上加官、平升三级、五子登科等。

清 冰种翡翠摆件

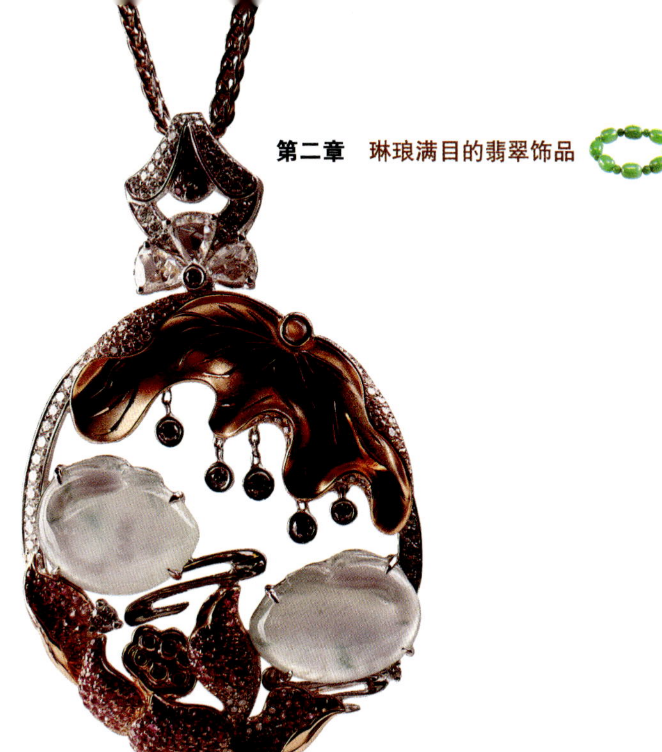

**玻璃种翡翠吊坠**

重量：24.4g

参考价：18 万 ~ 20 万元

## 西方风格

随着时代的发展，翡翠雕刻的现代风格在保留了大量传统题材和风格的基础上，还融入了许多具有西方文化内涵的雕刻内容。这些题材的翡翠雕刻饰品逐渐为消费者尤其是青年消费者所接受，主要形式为小型的挂件或翠牌。

其主题结合了东西双方文化中的自然、真实，个性张扬但又不失理性的特点。因而所应用的对象就成为了普通消费者，使其可以不分身份、地位、年龄，都能购买自己喜欢的翡翠饰品，而翡翠在人们的生活中也出现了“旧时王谢堂前燕，飞入寻常百姓家”的繁荣之象。翡翠已不再是金钱财富、贵族地位的象征，也代表了普通人对美的追求。

十字架翡翠吊坠

西方人的骨骼、肌肉、脸形等都与东方人物形象有所区别。通常来说，中国玉雕师仅仅善于制作东方人物的形象，也许是由于长久以来都是师傅带徒弟的原因，因此在人物制作上有一定的局限性。所以想要雕刻西方人物形象就不是一件容易的事情，正因如此，在我国翡翠等玉石的雕刻图案中很少能见到西方人物形象。曾经有一套四件的翡翠春带彩的中国式插屏，其上雕刻的内容是关于耶稣基督的诞生等四个宗教故事，其价值就非常高。翡翠上西方人物的雕刻本来就有难度，而分色技术的熟练应用又使其增色不少，是一件难得的收藏佳作。

**冰种翡翠吊坠**

重量：28.75g

参考价：5.5 万元

翡翠配钻石蝴蝶胸针

**18K 铂金配钻石高冰种翡翠吊坠**

参考价：9.5 万～ 12 万元

**18K 铂金配钻石高冰种翡翠吊坠**

重量：14.5g

参考价：5.8 万～ 8 万元

## 兼容并蓄

传统翡翠的雕刻讲究好料配好工，一方面可以保证最优质的原料被充分利用，另一方面也可以展示大师们精湛的雕刻技艺。

而近年来，翡翠饰品在全国范围内风靡，人们青睐浓艳欲滴的翡翠，同时也被它蕴藏的深刻文化内涵所吸引。随着社会的进步和国际交流的日益紧密，翡翠雕刻图案的风格也在悄然转变。下面我们就从以下三方面来了解一下东西合璧的翡翠饰品的特点。

**高冰种翡翠吊坠**

重量：41.4g

参考价：5.5 万～ 6.5 万元

翡翠马鞍戒指

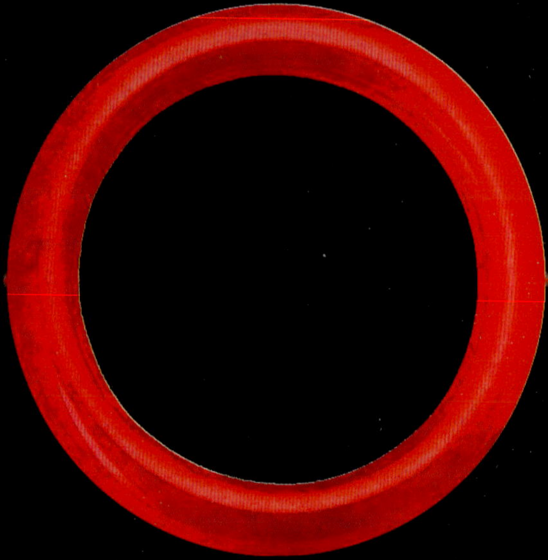

红翡手镯

## 颜色更改

西方人在性格上比东方人张扬、开放，因此西方人比较喜欢用鲜艳和较明快的色调。而中国人自古就低调含蓄，一贯都讲求中庸之道，在颜色上则更加青睐于温润以泽的。因此，在东西方风格相结合的玉器制作上，颜色的表现就更为绚丽多彩了。

铁龙生种翡翠手把件

冰种翡翠吊坠

重量：14.17g

参考价：6.55 万 ~ 7 万元

足金镶翡翠吊坠

举个例子来说，东方人的皮肤大都是黄色的，因此从古至今便对黄色推崇至极，是权力与地位的象征。因此东方人选择翡翠佩饰的时候，更喜欢黄金或 K 金镶嵌的翠饰，用黄金镶嵌的翠饰不仅看起来非常和谐，而且在传统风格上也符合东方人的习惯。而西方人的皮肤是白色的，他们更喜欢佩戴白色的贵金属如铂金、K 白金等贵金属镶嵌钻石的珠宝首饰。随着东西方文化的相互渗透，铂金或 18K 白金等白色贵金属镶嵌的翡翠首饰也逐渐受到国人的喜爱了。也正因为这一改变，那些需要镶嵌的翡翠颜色就要求越鲜艳越好，而且考虑到镶嵌的制作工艺，翡翠的厚度应尽量不要太厚，进而大大促进了铁龙生等品种在国内的大范围流行。将不透明鲜艳绿色的铁龙生切成薄片，雕上浅浅的纹饰，如蝴蝶、树叶等，在其背面以托底的镶嵌方法镶上 18K 白金，配上钻石，精致的铁龙生“大业有成”坠与蝴蝶坠就大功告成了。更有甚者，现代款式的满绿观音、佛等也都是采用 18K 白金配钻石的镶嵌方式，使东方传统的佛教智者们也沐浴了西方灿烂的宝石之光。

其实从美学的角度来讲，翡翠的绿色与黄金的金黄色是一对经典的对比色，双方在各自的衬托下都将更加鲜艳抢眼，也更适合我们东方人的黄色皮肤。虽说西方人喜欢以璀璨的钻石为代表的宝石，但翡翠自身的特性不可能体现出如钻石般耀眼的色彩和强烈的反光。

**18K 铂金配钻石翡翠吊坠**

重量：17.3g

参考价：7.8 万 ~ 9 万元

**黄翡吊坠**

重量：9.66g

参考价：6.3 万 ~ 8 万元

**18K 铂金配钻石高冰种翡翠吊坠**

重量：19.7g

参考价：11 万 ~ 13 万元

如果说有一条结合的道路，那就是可用玻璃种翡翠或无色的冰种翡翠，以无色的高种分原料雕刻出西方题材的翡翠制品。又如翡翠农作物系列，吊坠翡翠的颜色丰富，在雕刻时常出现灵芝、寿桃、青椒等植物图案，其中也不乏玉米、茄子等农作物。

**冰种福瓜**

重量：12.61g

参考价：6.88 万～8 万元

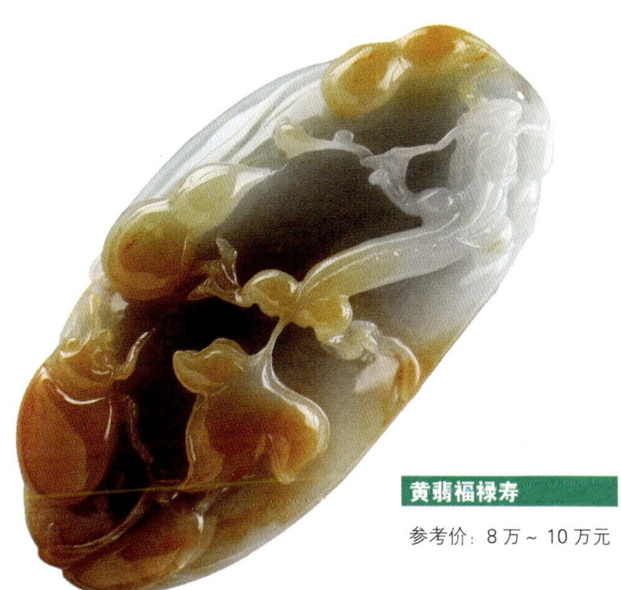

**黄翡福禄寿**

参考价：8 万～10 万元

**18K 铂金配钻石玻璃种翡翠手链**

重量：8.1g

参考价：2.6 万～3.5 万元

18K 白金方形翡翠手链

**高冰种福运叠至牌**

参考价：11.5 万～ 13 万元

## 题材增多

唐宋以来，玉器的雕刻题材就常出现动物的形象，翡翠的雕刻图案中，鼠、牛、虎、兔、蛇、马、羊、猴、鸡、狗、猪等动物更是常客，主要是采用写实的手法，力求将生活中的动物形象最真实地搬上玉石，这其中也不乏深受人们喜爱的孙悟空、猪八戒等神话形象。因为中国古代对天干、地支的理解以及人们的习惯成自然，每种动物的雕刻风格已基本定性，比如牛的勤劳实干、马的扬蹄奋进等早就成了人们心目中的经典。但随着西方漫画、卡通片的引入，像米老鼠、唐老鸭等夸张、滑稽的形象也迅速被国人接受。借助于东、西方的卡通人物，翡翠雕刻风格也可以做到东、西方兼容并蓄。

18K 铂金配钻石高冰种佛豆

重量：9.1g

参考价：8.8 万 ~ 10 万元

高冰种佛豆

重量：8.5g

参考价：3.88 万 ~ 5 万元

卡通这个词本身就是舶来品，是英文单词 Cartoon 的音译。制作这种类型的翠饰时，大多选取种水较好如冰种、糯化种的原料，雕琢出来的卡通形象的小动物深受年轻人的喜爱。虽然这些卡通版的翠饰价格较高，但仍具有相当大的销售潜力。西方文化带入的轻松诙谐的风格正渐渐渗入到中国翠雕风格中，并与之结合，中国翠雕风格还在潜移默化地发生着改变。

翡翠钻石胸针

## “金镶玉”

因为有了18K铂金等白色贵金属的加盟，翡翠首饰也变得风情万种起来。按中国传统的思维方式，珠宝首饰要戴独镶的，翡翠首饰也要每块单独佩戴，除项链、手链外，人们对于组佩这种多颗组合在一起的翠饰不感兴趣，就如不喜欢群镶的珠宝一样。这不仅因为我们的欣赏角度不同，更因为我们中国人有很深的保值情结。从古至今，我们的祖先都将金银与珠宝联系在一起，在很多人心中，翡翠玉石和珠宝首饰都是高不可攀的，它们是身份、财富、地位的象征。因此买的时候就必须要买与众不同、具有保值价值的。然而随着经济的不断发展，国民的整体收入水平逐步提高，使得西方文化融入到了珠宝首饰当中。这些具有西方特征的首饰更加时尚，也被更多的人欣然接受。他们需要的不仅再是传统的竹节坠、子冈牌，而是把目光徐徐移向了“金镶玉”形式的时尚版翠饰。慢慢地，原先占翡翠市场份额很小的时尚版“金镶玉”翠坠、翠胸针等逐渐地登上了翡翠宫殿的大雅之堂，甚至还走入了拍卖大厅。

**18K铂金配钻石高冰种福禄**

重量：14.1g

参考价：2.5万～3.5万元

**18K铂金配钻玻璃种笑佛**

重量：17.1g

参考价：18.8万～20万元

雕刻风格的转变主要表现在图案内容上，从极具中国传统内涵的东方风格到颇具新意的西方风格，体现了人们思维上的转变。这使翠饰拥有了更多的实际含意，仿佛成了生活中具有特殊意义的点缀。

当然，内容与形式是相互作用的，因此我们不仅要重视雕刻的内容，更不能忽视雕刻效果带给人们的感染力，雕刻技术水平的提高也是至关重要的。

对于高价翡翠来说，体积的大小对其价格的影响非常大，但与其他宝石有别，因为翡翠结构的多变性及复杂性，翡翠的价值并不能单以体积的大小来报价，而应以其货型相对于原料的损耗度（因为需要使用的翡翠原料越多，其成品的叫价会越高）及取料的难度来分级。由于好的翡翠原料是要按重量来计算价钱的，所以我们在评价翡翠首饰成品时，翡翠货型就很重要了。

老翡翠笔洗

观音坐莲翡翠摆件

不同的货型需要用的原料的数量（重量）不同，可以先以无雕及有雕来分，当中以无雕的翡翠档次较高，再从中分出级别。翡翠首饰中如有雕花也会影响成品的价值。由于有裂纹或瑕疵才会进行雕花，所以雕花越多，价值也就越低。

总的来讲，一朵真正好的翡翠奇葩，雕刻大师定是以自己的智慧和勤劳，把玉色、玉质、工艺技术、民族文化融于一体，才使其成为了一件瑰宝。人们不仅能赏翠，更能赏艺；不仅可以感受到翡翠饰品与生俱来的高贵身份，也能体味到因雕刻工艺精湛而提升的造型艺术，还可以在人们的陈设、装饰、欣赏中体会精神上的享受——寓意之美、对照之美、个性之美、和谐之美和自然之美。这样在体会雕刻图案所展示的深刻寓意与内涵的同时，更增进了自己对中国玉文化的兴趣。

蓬莱仙岛翡翠摆件

# 翡翠饰品的保养

翡翠从本质上来说是一种玉石，质地坚硬，摩氏硬度为 7，用锋利的刀具刻划不会留有痕迹，但它也有脆弱的一面，因此日常佩戴、保养的时候需要注意。

因为翡翠内部会有暗绺，强烈的碰撞可能导致翡翠暗绺变为恶绺、裂纹，甚至碎裂。像手镯和玉佩，更因形制上的原因，而成为怕碰撞之物。

翡翠上的绺裂对其危害最大，不过当翡翠上出现了绺裂，就要认真观察它们所处的位置，并区分它们的走向，研究这些绺裂对翡翠的危害程度。因为同样的绺裂，走向不同，对玉石的危害程度也不一样。就拿手镯上的裂隙来说，如果裂隙垂直于镯体，那么它的危害性是很大的，甚至在佩戴时一不小心磕碰到裂隙，就很可能会导致整条手镯断裂。如果裂隙较平行或平行于镯体，那么它的危害性

**平安扣**

外圆直径：5cm

**高冰种童子戏弥勒**

尺寸：4.5cm×3.5cm

参考价：8 万～ 8.8 万元

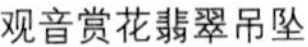

观音赏花翡翠吊坠

**18K 铂金配钻冰种满绿吊坠**

重量：25.8g

参考价：12.6 万元

就小了很多，至少手镯就不会轻易发生断裂。再比如，在镯体表面的裂隙对其美观效果有着较大的影响，价格通常也会降低很多。但如果裂隙在镯体的内表面，那么对其美观效果就不会有什么影响，因为在佩戴的时候是不可能发现其内表面的问题的，所以价格也不会有明显的影响。

镶嵌翡翠的首饰，多采用抱爪式结构，碰撞之后抱爪有可能松动或断裂，镶嵌的翡翠容易丢失。在平时也要经常检查镶嵌的牢固性，看是否松动。对串珠的项链，应经常检查线的磨损情况，对于翠玉挂坠也同样如此。

当翡翠手镯发生碰撞时，如果裂纹不严重，可继续佩戴。如果断裂成两截，可用金镶玉的方法在断裂口包金或银来进行补救。如果被摔得比较细碎，则可选取碎裂部分改制成其他的首饰，如明显的翠绿段或较大的翠绿点，可以加工成吊胆或戒面、辣椒之类的小挂件等。

做饭时不宜佩戴翡翠，翡翠饰品应避免高温炙烤。很多人戴着翡翠手镯直接炒菜做饭，实际上烤灼会使翡翠失去温润的水分，使其种质变干，颜色也会变浅。因此对于贵重的翡翠饰品，做饭的时候最好能取下。翡翠是一种含有一定水分的珍贵石头。在翡翠加工的最后一道工序中，会进行浸蜡抛光处理，让其表面附着一层蜡质物质，保持翡翠内部的水分。这可以掩盖翡翠表面的微细裂纹，也增加了翡翠的透明度。

高冰种弥勒佛吊坠

尺寸：3.5cm × 3cm

参考价：2.6 万 ~ 3.2 万元

因此，在佩戴时要避免阳光暴晒或者高温炙烤，这会使翡翠失去水分或表面的蜡质挥发而出现干裂。去日照强烈的沙滩等地游玩时尽量不要佩戴翡翠首饰；此外，在进桑拿房前也要将翡翠饰物取下。

不佩戴翡翠饰品的时候，可以把翡翠饰品放在相对封闭湿润的环境中，如浸泡在清水中，也可涂抹橄榄油或清淡的无色油，再用密封塑料袋进行包装。但不能用浓稠带色的机油，因为机油氧化发黄会直接影响翡翠的颜色。

铁龙生种手镯

圈口：6cm

翡翠首饰还不宜与酸、碱和有机溶剂接触，如各种香水、化妆品、美发剂等，这些东西会对翡翠的表面产生腐蚀作用，因此洗澡的时候也不建议佩戴翡翠饰品。

盛夏时节流汗量最多，汗液中所含的盐分与挥发性脂肪酸、尿素等物质，会慢慢地侵蚀翡翠的外表，从而使翡翠的光泽与亮度遭到破坏。因此夏季里最好不要将翡翠拿在手中把玩，而那些佩戴在身上与肌肤贴近的饰件，如手镯、挂件等，要经常在中性洗涤液，如中性的洗面奶、沐浴露中清洗。个别雕工麻烦的，可以用毛笔轻刷，放在阴凉处风干就可以了。

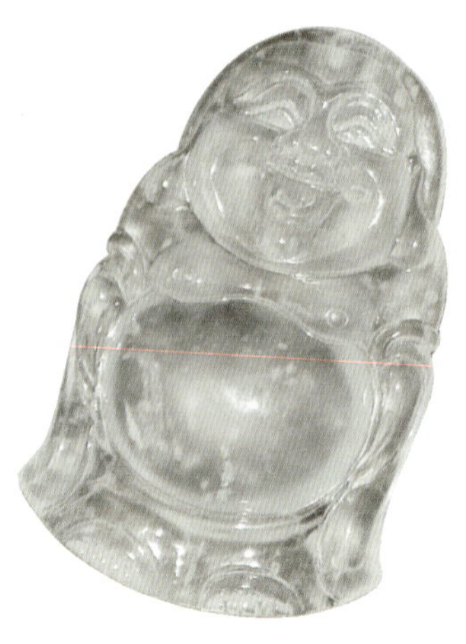

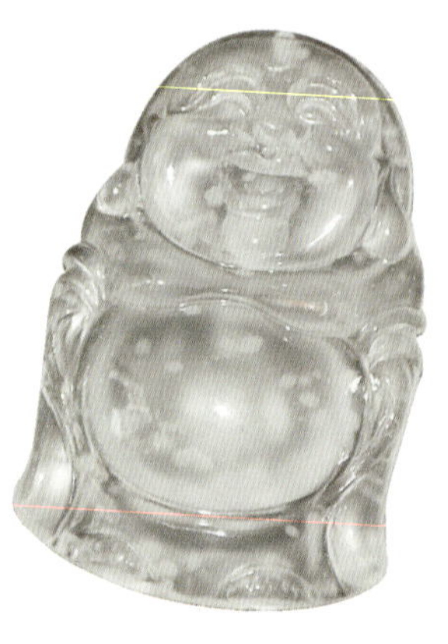

**高冰种弥勒**

尺寸：2cm × 1.5cm

参考价：3 万 ~ 3.5 万元

翡翠首饰是高档饰品，一定要养成良好的佩戴习惯。例如早晨出门前要花一定的时间来佩戴，活动时要注意动作的幅度，晚间回家在做家务、洗衣服、洗澡时及时摘下。要经常清洗首饰，有绺裂的翡翠最好不用超声波清洗，超声波清洗是利用密集的小气泡破裂之后产生的负压进行清洗的，表面上看起来没有什么动静，但实际上清洗的力量是很大的，这会使翡翠中的小绺裂扩大。一般在中性清洁液的温水中用牙刷轻轻地洗刷即可。收藏者可经常用软布擦拭翡翠和金托，这样可使饰品保持长久的亮丽。翡翠首饰的储藏，一般要用软性包装或单独包装，切忌随便丢弃在抽屉或混藏在饰品之中。

## 翡翠朝珠

朝珠是清代大臣上朝时佩戴的饰物，是所有饰物中最隆重高贵的，其材质多种多样，珊瑚朝珠、琥珀朝珠等都很多见。其中翡翠朝珠由 108 颗翡翠珠组成，上好的翡翠朝珠多配双桃红碧玺，壮观美丽。上好的翡翠朝珠非常珍贵，完整的大概只有故宫博物院还有，国内国际市场上则从未见过。据说 1995 年在香港拍卖的一串翡翠项链就是取自一挂朝珠，由 27 颗翡翠圆珠组成，卖了 3300 万港币，创下了当时单件翡翠首饰价格的最高纪录。

# 第三章 刺激诱人的赌石

# 赌石简介

翡翠赌石是原生或次生矿床的翡翠原石经过自然界的风化与破碎后，被洪水、河水或其他地质作用搬运至河流内，再接受大自然的进一步风化、磨蚀等作用而形成的砾石。赌石外一层厚薄不等的皮壳是自然界在其表面留下的岁月痕迹，也正是这层皮壳掩盖了翡翠赌石的真实面目，使人们不能看到其内部的情况。即便是科学技术发达的今天，也没有一种仪器能穿透皮壳，看清赌石内部的结构、颜色与裂隙。因此，在交易中，人们只能靠感觉与个人经验来判断它内部的好与坏，于是就有了“赌石”的概念。所以人们将带皮的、没有切开的翡翠原料称为“赌石”“赌料”或“蒙头料”。

赌料

冰紫弥勒佛

由于原石只有切割开以后，才知道其内里的大致状况，所以买卖赌石者，有的说凭的是眼力，有的说凭的是运气。参赌人群有珠宝业的行家里手，有企业家或作坊主，也有收藏家及赌石爱好者等。有的富人以赌石为商机，进行投资；还有一些人为了猎奇、追求刺激，盲目参与；其中也不乏四处借债后靠买赌石撞大运的。参与赌石买卖的有瞬间暴富而大喜的，也有刹那间倾家荡产而遭受难以承受的精神打击的。私人作坊主参与赌石是慎之又慎的，因为赔了钱会掏空自家的腰包。

有句行话“多看少买，十赌九栽”，翡翠原石变化莫测，赌石风险极大，成功率很低，有人称之为“鬼料”，即使是很有经验的专家权威，在赌石时也时有失手。因为赌石不仅要有丰富的实践经验，熟知翡翠的各方面知识，还要靠撞大运。

# 赌石的技巧

（1）买翡翠原石的时候，要防止周围人的影响，有些人会故意抬价，甚至在言语上刺激你，使你失去平时的水准，脾气变得急躁，这就是奸商所希望的，所以不要中圈套，一定要保持冷静。

（2）在购买翡翠原石，尤其是高档的翡翠原石时，要有主见，按照自己心里的价格来，不要中别人的圈套。

（3）不要因你有卖了一个好价钱的经验，去投更大的资金。因为原石买卖里“憨人”多。你这次碰了个好运气，下次就不一定会碰得到，要谨慎对待。

灵猴献寿

翡翠赌石

## 清代鼻烟壶

鼻烟壶，简而言之，就是盛鼻烟的容器。小可手握，便于携带。现在人们嗜用鼻烟的习惯几近绝迹，但鼻烟壶却作为一种精美艺术品流传下来，而且长盛不衰。清代遗留下来的珍宝器物数不胜数，然而，能被上至帝王贵胄、巨贾富商，下至庶民百姓、三教九流接受，具有“三千宠爱集一身”的，只有鼻烟壶。康熙、雍正、乾隆三位皇帝都对鼻烟壶宠爱有加。上行下效，在清代，吸鼻烟、玩鼻烟壶成为最时尚的行为。

（4）在市场上经常有个别人兜售翡翠原石，一般卖完就走，风险比较大。他们开假窗子，造假皮，但是其中可能也不乏好货。如果你对自己的鉴定技术没有把握，建议还是去信誉好的公司或者个人那里交易，可以索要鉴定证书，相应的保障工作要做好。

（5）不要轻易相信别人说的一些花几万块钱买的翡翠转而卖了百万千万之类的消息，这种事情很少见，要保持一个好的心态。

（6）大家购买翡翠毛料时，都会带强光电筒来照射翡翠，在强光的照射下，只能看到内部的种水好坏，还有瑕疵绺裂的多少，不能依照强光下的色彩来判断绿色的正偏亮阴。因为任何的色调在强光手电筒的照射下，都会发出美丽迷人的色彩来，真正的色调要切开以后才能查知。这也是翡翠赌石让人心跳加速的魅力所在。

在购买翡翠赌石的时候，要多注意交易市场的细节问题，如果您对赌石没有很大的把握，那么一定要多看、多听、多学、提高自己的反应能力，加强自己的心理素质，保持清醒的头脑。

## 经验之谈

在翡翠行业中，有关赌石的传说有很多，但其真实性就很难说。有很多关于赌石的经验，是赌石的老前辈们在长期的翡翠加工生产实践中，总结出来并以言简意赅的格言形式，表达出了翡翠赌石的某些特性。若你能记住这些格言，并能了解和体会其中深刻的内涵，将终身受益。

## “龙到处才有水”

翡翠的绿色往往呈带状延伸，犹如一条龙的形状，所以“龙”其实是指翡翠中的绿色。也就是说，在通常情况下，无论是质地的粗细程度还是透明程度，有绿色的部位比没有绿色的部位地子都要好一些。当然，有时翡翠绿色和地子之间的这种差别表现得过于强烈时，就像下一个格言所说的了。

## “多看少买”

对于购买翡翠原石来说，“多看”是一个精心挑选的过程，是需要购买翡翠原石的人进行多处观察比较的一个过程，也是一个积累和验证经验的过程，是“买”的前提。“少买”不是不买，而是提醒你要“看”好了再买，不要马虎大意，看一个买一个。

## “狗屎地子出高绿”

黑褐色翡翠，又称“狗屎地”色翡翠。其外皮似“狗屎”，其内部却能出现浓艳的翠绿色，有“狗屎地子出高绿”之称。翡翠原料上的黑，称为黑癣，有的黑癣转绿已成规律。玉石有绿时，不一定有黑，但有黑很可能有绿。绿随黑走，绿靠黑长。黑与绿的界线有的不清楚，成为黑变绿的

大肚弥勒佛

玻璃种观音吊坠

过渡和引子。翡翠的地子与翡翠的绿色互为依存，关系非常密切。一般来说，绿色种水好的情况下，地子通常也不会太差，反之亦然。而此条格言主要是提醒人们：不要忽视翡翠绿色的特殊性。虽然不是每一个“狗屎地子”都会有高档的绿色，但是“狗屎地子”中可以出现上等的绿色。

### “宁买一条线，不买一大片”

绿色在玉料上的形状有线形、点形、片形、丝线形等。其中线形最易出彩，它有头有尾，头部色重而艳，尾部色淡而小，行里人把线形色叫“根色”，如果这条线深入或者贯穿到这块料中，就可能在里面宽起来，形成绿带。如果色是片形，绿色部分往往仅在料的表皮上薄薄的一层，绿不到里面去，而且一片绿的料价位高，所以买“一大片”的料要十分慎重。

对于翡翠原石中的绿色形状特点来说，“一条线”带子绿与“一大片”靠皮绿是同一种绿色形状的两种表现形式，是“线”立性与“片”卧性的分别。“线”的厚度是已知的，而深度是未知的；“片”的面积是已知的，而厚度是未知的。格言的关键在于提醒人们，不要被翡翠表面上绿色的“多”与“少”所迷惑，要认清绿色“立性”与“卧性”的本质。因此，并不是真的见了有一大片绿色的翡翠也不买，而是提醒不要对绿色的厚度有过分的奢望。

金枝玉叶

翡翠寿星雕件

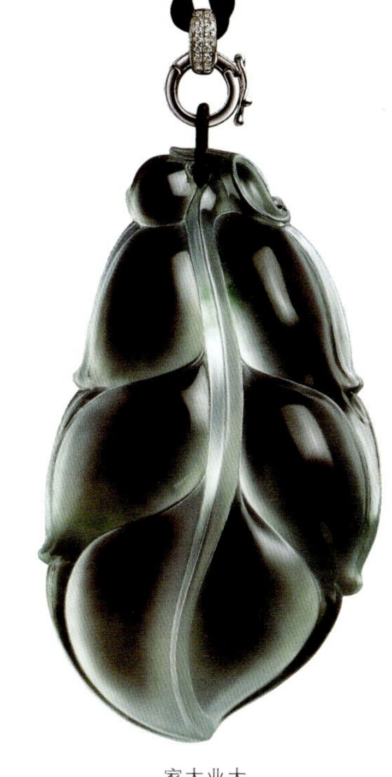

家大业大

## 赌石的作假

### 假象

为了掩盖原石的裂纹、黑点、残损等，故意用涂黑、写字、贴胶布或纸、抹泥、去皮不抛光、大件开小口等手法来掩盖裂隙。

### 假口

在质差的原石上切一口，并镶嵌一块颜色、种水都非常好的翡翠贴片，或者把透明度好的无色翡翠切片粘合在涂有绿色染料的劣质翡翠上，再把粘合处做皮隐藏。一定要注意原石有无接缝，有无粘合痕迹等。可在接缝处用小刀刻划，有作假则能划动。用强光照射切口处，观察第二种绿色是不是从底部透过来的。

### 假壳

质劣的翡翠或因其他原因而做假壳者，为了使假皮不被发现，会将其埋入土中数日，并在其周围放入酸碱腐蚀物对其侵蚀，使其表面更接近于天然风化。

## 假皮

这种作假的方法，欺骗性较大，一般是把翡翠的风化层粉碎后，再将一些石英砂用胶粘在翡翠原石的表面。这种作假的原石质软、有胶性，没有细晶粒自然排列的表现。

## 假心

对于绿色暗淡，透明度较差的翡翠原石，有人将其底部和内部挖空，以增加透明度。对这种情况可测量其重量，若是过重或过轻都有可能是假心。

## 假色

无色质地较好的翡翠料，从中挖一个空洞至表皮几毫米处后注入绿色颜料，一般常用绿油漆等，然后用假皮把口粘合。这种作假的原石颜色好似一块磨砂玻璃的背面涂有绿色，粘合处也是鉴定的依据。

## 假门子

即在翡翠的外皮上伪装门子，其制作方式有以下几种情况：

（1）镶门子，用一片色质好的翡翠籽料粘贴在一块色质差的翡翠籽料切口上。

（2）高翠镶门子，门子是高翠，但其外皮和内部均是假的，内部可能用石英岩加铁或铅等材料制成，外皮则用水泥制成。

（3）垫色门子，用水头较好的无色或白色翡翠玉片，涂一层绿漆或染后再粘在翡翠籽料切片上。

（4）灌色门子，在籽料正面开一个门子，从后面钻 1 ～ 2 个洞，深度距门子 1cm 左右，向洞内灌绿漆或绿色涂料，待自然干燥后，封住洞口而成。

## 挖孔补洞

为了探明翡翠的内部质量，先钻一小孔，发现质地颜色都不好，又把洞填平。由于其面积较小，所以一般不容易发现。

# 第四章 翡翠的品评与鉴定

# 翡翠的品评

翡翠的观赏有两层内容，一是欣赏翡翠材质的自然美，此乃“天趣”；二是欣赏工艺，即“人文之美”，这包含极深的历史文化意蕴。两种美，正如古人所提出美的“初发芙蓉，自然可爱”和“错彩镂金，雕馈满眼”之分。前者美是自然，后者美是创造，二者结合即体现“天人合一”之美。

翡翠作为玉石之王，集日月山川之精华，汇天地自然之灵气，而呈现出的细腻光泽和浓浓绿意，从内而外地透着稀世绝尘之美，被世代国人所追捧。

**冰种福在眼前**

尺寸：4cm×3cm

参考价：5000～8000元

**冰种龙牌**

尺寸：5cm×3cm

参考价：1.5万～2万元

**冰种墨翠招财貔貅**

尺寸：4.5cm × 2.5cm × 5.5cm

参考价：11 万 ~ 13 万元

**冰种弥勒佛**

尺寸：2cm × 3cm

参考价：4600 ~ 6000 元

俗话说："赏玉容天地"。玉，自古被认为是天地造化之精灵，聚日月之光华，蕴山川之秀美，而翡翠享有"玉石之王"的美誉，因为它以变化万千的色彩、晶莹剔透的质地、含蓄的水头等自然韵味契合了中华民族的审美心理，"大圭不琢，美其质也"才渐渐成为国人追求自然美的审美取向。

翡翠的美，继承了自古以来玉石所表现出来的各种美，除了物质本身的美、被人格化了的"玉的五德"之外，还重点突出了色彩美、含蓄美、神秘美、可塑美的特点。

翡翠的颜色是所有宝玉石中最丰富、变化最多的，它几乎能呈现出自然界中所有的色调。神奇的翡翠世界首先从颜色开始，颜色正是宝玉石最为直观的美。从绿到红、紫、黄、黑及无色透明的色彩，都能在翡翠中被一一找到。碧色清澄的绿、柔媚神秘的紫、神秘通幽的蓝、满目秋色的黄等，翡翠不仅艳丽非凡，还能永葆温润饱满，并且年代愈久愈显其天然本色。

翡翠的美不能缺少水头的映衬，好的翡翠水头介于透明、半透明之间，是一种含蓄美。水头好的翠称之为水绿，也就是上等的翠玉。倘若质白，只要地好水足、光泽较强也可算是水头好。世界上任何其他的宝玉石都不如翡翠那样含蓄有韵致，翡翠的含蓄表露出一种唯东方人才有的情感。其冰莹含蓄的水头，不显浮华、深沉而厚重，正如中华民族所追求和赞美的品质一样。

**冰种如意**

尺寸：4cm×3cm

参考价：6000 ~ 1 万元

**冰种观音牌**

尺寸：5cm×3.5cm

参考价：9000 ~ 1.2 万元

翡翠镶钻项链

**冰种一夜成名**

尺寸：4.5cm×2cm

参考价：3000 ~ 6000 元

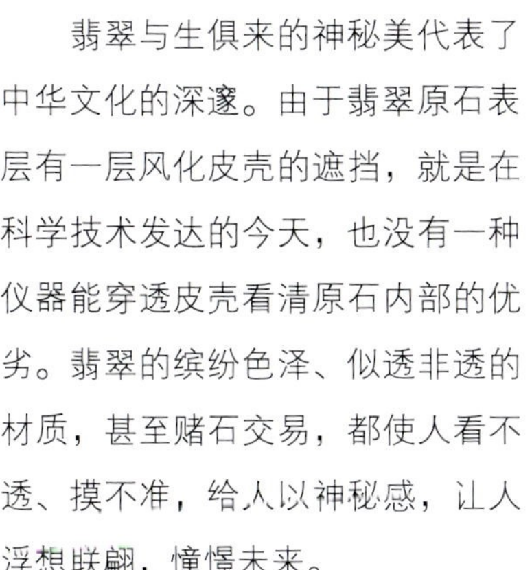

翡翠与生俱来的神秘美代表了中华文化的深邃。由于翡翠原石表层有一层风化皮壳的遮挡，就是在科学技术发达的今天，也没有一种仪器能穿透皮壳看清原石内部的优劣。翡翠的缤纷色泽、似透非透的材质，甚至赌石交易，都使人看不透、摸不准，给人以神秘感，让人浮想联翩，憧憬未来。

**冰种玉兰花**

尺寸：4cm×2.5cm

参考价：2.6 万 ~ 3.2 万元

**玻璃种鹅如意**

尺寸：3.5cm × 3cm

参考价：2.2 万 ~ 2.8 万元

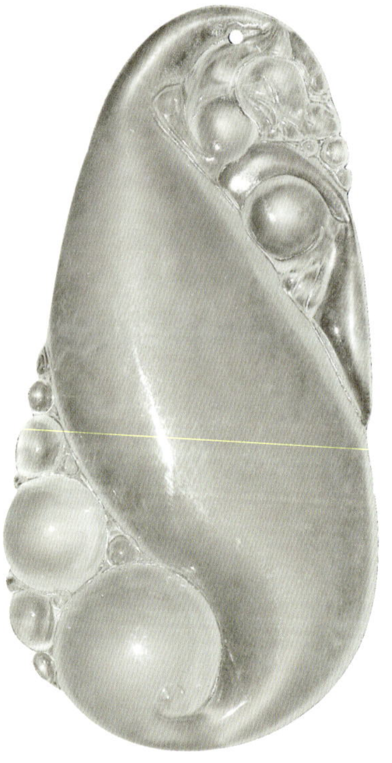

**高冰种福禄寿**

尺寸：3.5cm × 2cm

参考价：3500 ~ 4500 元

翡翠晶莹剔透的质地和千变万化的色彩使得翡翠具有很强的可塑性。翡翠天生具有的自然美早已让人们爱不释手，然而，在经过能工巧匠的细心雕琢后，它又被赋予了更深一层的文化含意。“玉必有工，工必有意，意必吉祥”，在美玉的基础上，经过人们巧夺天工的雕琢，同时又赋予其设计师很多的感情和意愿，最终成为饱含民族心血和智慧的玉器艺术品，具有无限的魅力和珍贵的历史艺术价值。翡翠的可塑美也就是玉文化的精髓所在。

高冰种蓝水荷叶

尺寸：5cm×3cm

## 品评翡翠颜色四要点

品评翡翠的颜色，我们可以用四个字来概括，即浓、阳、正、匀。

浓是指颜色的饱和度，也就是颜色的深浅，一般人们认为翡翠颜色越深，价值越高，其实不见得，不同年龄的人对翡翠颜色的喜好是不一样的。

阳是指颜色明亮的程度，同样的颜色可以有不同的明亮程度。鲜阳度是构成翡翠颜色美感最重要的因素，所以翡翠颜色越鲜阳，价值也就越高。

正是指颜色的纯正程度，纯绿色是纯正度最高的颜色，在其他条件相等的情况下，纯正、鲜艳的绿色翡翠的价值最高。

匀是指翡翠颜色分布的均匀程度，翡翠的颜色很难是均匀的，因此，翡翠的均匀度越高，含绿色越多，价值也就越高。

# 翡翠的真假鉴别

## 传统鉴定方法

鉴别翡翠的传统方法主要是凭眼力观察来作出判断，其依据是对于翡翠知识的积累与多看多摸的实际经验，归纳起来是“一看、二摸、三掂、四听”。

### 看一看

是指看翡翠的特征，看其结构与色泽，检查是否有瑕疵。通过观察翡翠的翠性特征，可以判断翡翠结构的疏密以及晶粒的粗细。通过观察翡翠的光泽，来判断其真伪，如翡翠通常具有玻璃、亚玻璃或半玻璃光泽，但颜色分布不均匀；而软玉、岫玉等与翡翠相似的玉种，多具蜡状光泽和油脂光泽，颜色大多均匀。

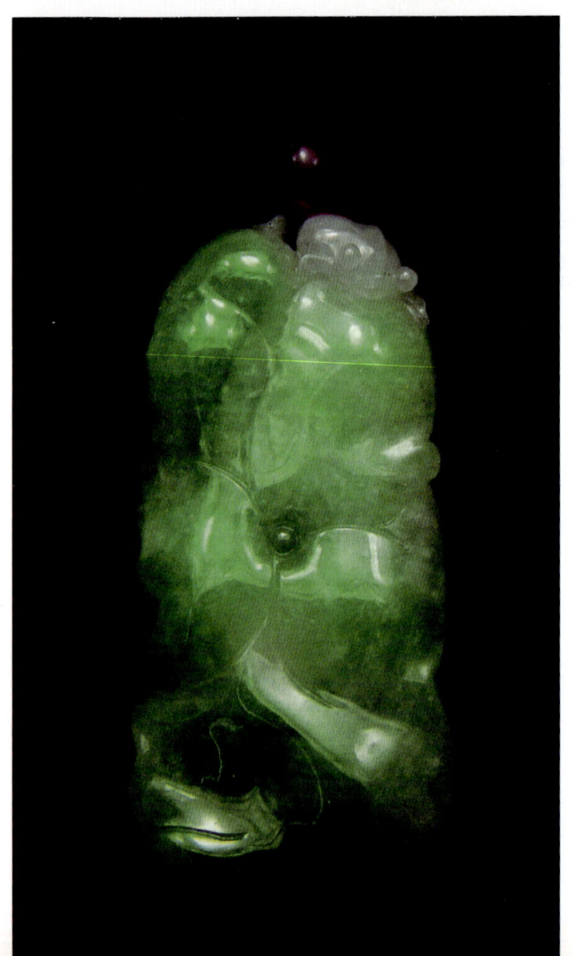

连年有余

尺寸：4cm×2cm

## 摸一摸

翡翠的传导效果好，传热散热都很快，因此将翡翠贴在脸上或放在手背上有股冰凉的感觉。翡翠硬度大，结构致密细腻，抛光后表面具有很高的光洁度，摸起来，有柔滑细腻的手感。

**冰种翡翠项链**

重量：217.4g

参考价：10.8 万～ 12 万元

双龙翡翠手镯

## 掂一掂

翡翠的密度为 3.30 ~ $3.36g/cm^3$，高于与其相似的独山玉、岫玉、软玉、澳洲玉等，但又低于钙铝榴石和水钙铝榴石等。有经验者可通过掂量重量，初步判断一块玉料或玉件是否为翡翠。

福在眼前翡翠手链

翡翠碗

## 听一听

通过仔细听翡翠成品之间的碰击声，也可以帮助辨别真伪。天然翡翠，尤其是质地好的翡翠制品，碰击时会发出十分清纯悦耳的声音。通过听音来判断，就需要有一定的经验作为基础，只有熟知翡翠碰撞的声音，才能根据音质大体判断是否是翡翠，以及是哪种质地的翡翠。

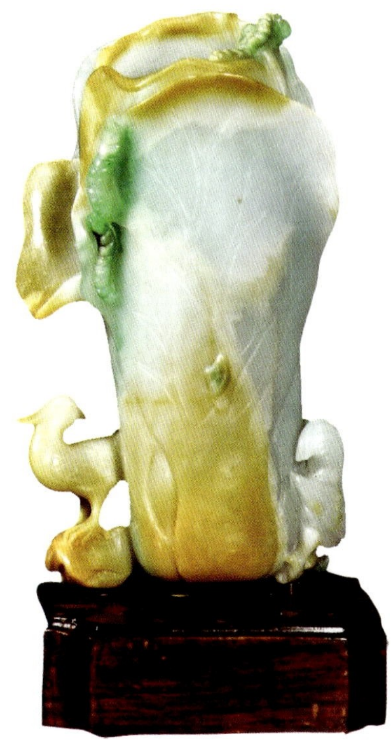

翡翠白菜花插

翡翠项链

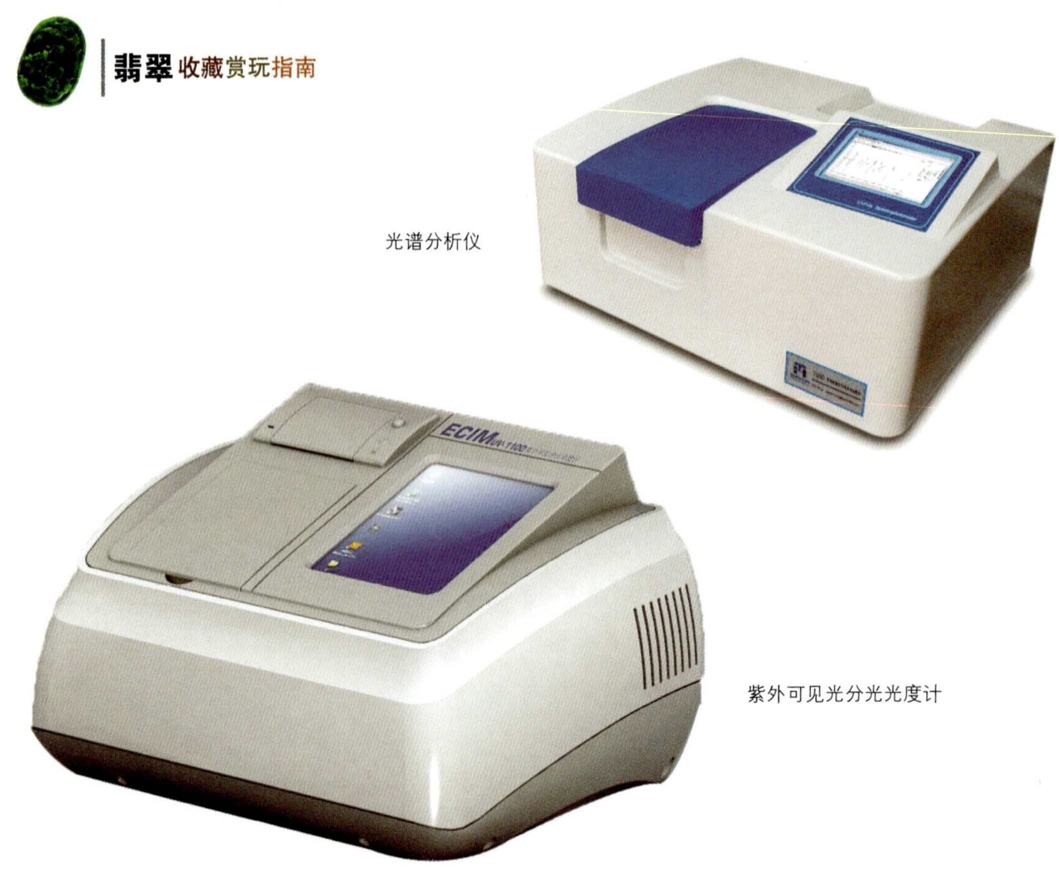


光谱分析仪

紫外可见光分光光度计

## 鉴定翡翠的科学仪器

翡翠的鉴别涉及结晶学、矿物学、地质学以及物理学、化学等学科，仅凭“眼观、手摸、舌舔”的所谓老经验是不行的。随着科学技术的发展，如今已可以用科学仪器测定，以科学数据说话。

应用较广的鉴定仪器有以下几种：

（1）紫外可见光分光光度计。利用翡翠在紫外至可见光范围内的吸收光谱及吸光度，对宝石中某些成分进行定性或定量分析，主要用于颜色指数、致色机理、产地特征等方面的鉴定。

（2）分光镜。能测出宝石对各个波长的光的吸收程度，不同的宝石对光有不同的吸收特点，绿色翡翠对波长 489 ~ 503nm ， 690 ~ 710nm 的光有吸收，这两条吸收光谱就是翡翠对光的吸收特点。

（3）光谱分析仪。用于翡翠的有机物充填处理的鉴定，通过对翡翠结构和成分的定性分析或定量分析以鉴别人工合成翡翠与天然翡翠，以及常规仪器无法测定的其他宝石品种。

因为，翡翠 A 货、B 货、C 货在红外线光谱中的测试光谱波形是各不相同的，具体情况要看使用该仪器的说明书，或请专家来做。

（4）折射仪。折射率是宝石非常重要的光学性质，不同的宝石有不同的折射率，测出准确的折射率，就能断定这是什么宝石。翡翠的折射率为 1.66 左右，外观近似翡翠的绿色软玉，折射率为 1.61 ~ 1.63 ，而冒充翡翠的石英类玉石，折射率为 1.54 。

（5）无损化学成分分析。即用 X 荧光光谱仪、电子探针等进行宝石成分的定性或定量分析，以确定宝石的种类。

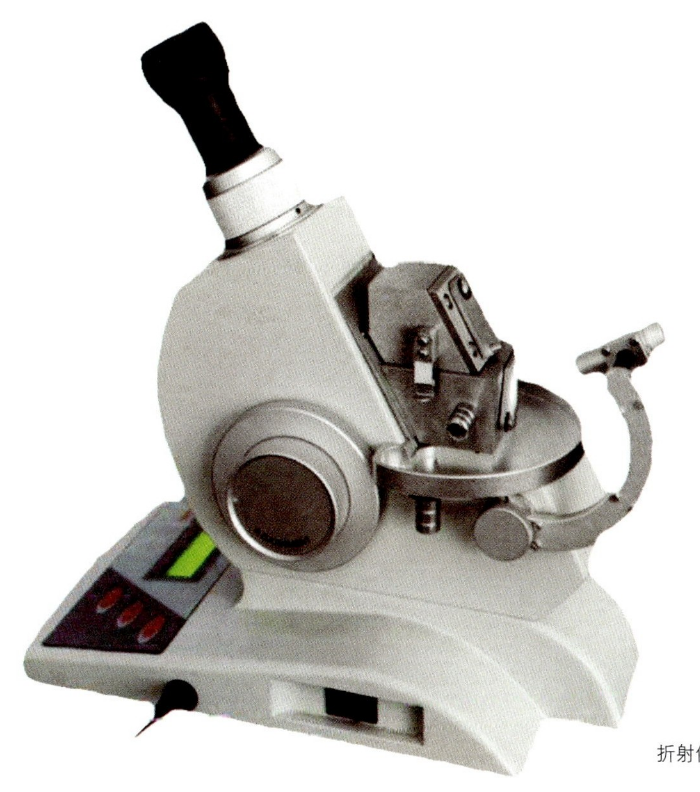

折射仪

（6）高倍放大镜和显微镜。在 40 ~ 70 倍显微镜下，看组成翡翠的晶体有无被破坏，注胶（环氧树脂）的成分，有无气泡。

（7）查尔斯滤色镜检查。使用人工含铬染料染色的 C 货翡翠，在查尔斯滤色镜下是红色的，而天然颜色的翡翠则不变色。有些特殊染料染色的翡翠在查尔斯滤色镜下也不变色。

（8）比重水。因翡翠的相对密度是 3.3 ~ 3.4，所以在相对密度 3.2 的水中翡翠会下沉，而玻璃、塑料、澳洲玉（相对密度为 2.65 ~ 2.7）则会上浮。

（9）摩氏硬度计。翡翠的硬度为 6.5 ~ 7，高于或低于此硬度的都不是翡翠;与其同硬度的宝石，则需用其他方法再进行检测。

## 绿玛瑙与绿翡翠的识别

绿玛瑙的绿色中带蓝。

绿玛瑙的绿通体一色，没有色形和色源。

绿玛瑙没有翡翠的翠性闪光特征。

绿玛瑙的断口为半闪亮碴口，一般呈贝壳状。

绿玛瑙的相对密度与河南玉相似，在二碘甲烷溶液中漂浮于液面。

# 翡翠与相似的宝玉石

在珠宝中与翡翠相似的宝石非常多，比较典型的有石英质玉、软玉、蛇纹石玉、独山玉、石榴子石玉、长石质玉、碳酸盐质玉和玻璃等。但是仿制品与翡翠的物理性质和镜下特征存在明显的差别，鉴定起来相对比较容易。

## 与软玉的鉴别

软玉是由角闪石族矿物组成的特殊集合体。软玉颜色比较均匀，有白色、暗绿色、黑绿色等，但无鲜绿色。它呈油脂光泽，无翠性。折射率略比翡翠低。

翡翠戒指

软玉挂坠

## 与独山玉的鉴别

河南独山玉又称为“南阳玉”，绿色独山玉不够鲜艳，在同一件玉器上，可有白、绿、黑绿和黄褐色等多种颜色并存。大多数独山玉透明度较差，韧性也差，性脆。翠绿色的独山玉粗看像翡翠，如果细察，翠绿独山玉具有粒状结构或溶蚀交代结构，常带有黑点。独山玉在滤色镜下会变红，是翠绿色独山玉与翡翠鉴别的明显特征。

独山玉

## 与水沫子的鉴别

云南昆明、瑞丽、腾冲等地和内地一些大城市的珠宝市场上，出现一种水头很好，呈透明或半透明的冰种玉石，颜色总体为白色或灰白色，具有较少的白斑和色带，分布不均匀，这种玉在云南当地被称为“水沫子”。这种玉石常被加工成手镯、吊坠和雕件。用放大镜观察可见水沫子不显翠性，并有较多白色的石脑或棉。用手掂，与翡翠相比具有明显的轻飘感。

水沫子手镯

翡翠手链

澳洲玉手链

澳洲玉十字架吊坠

## 与澳洲玉的鉴别

澳洲玉（绿玉髓）又称南洋玉。由于颜色翠绿，颇得人们喜爱。它有一定的透明度，颗粒细，价格低廉。澳洲玉颜色鲜艳均一，有苹果绿、蓝绿等色，其抛光面无橘皮效应现象，看起来很像塑料。用放大镜观察，看不到翠性。

## 与东陵玉的鉴别

东陵玉亦称印度玉，用透视光可见东陵玉内有平行排列的绿色铬云母片。侧视常形成一条绿线。在查尔斯滤色镜下观察，绿色铬云母呈现红色。东陵玉比翡翠的比重小得多，用手便可掂量出来。

东陵玉笑佛吊坠

东陵玉手链

马来玉项链

## 与马来玉的鉴别

马来玉是一种染色的石英质多晶质玉石。严格地讲，“马来西亚玉”这一名称不允许出现在任何商标和鉴定报告中。用肉眼观察，马来玉的颜色过于鲜艳，但十分不自然。在10倍放大镜下，可以看出丝瓜瓤状的颜色分布特征，颜色很浮。

马来玉耳钉

# 第五章 翡翠收藏之道

# 翡翠的市场行情

“黄金有价玉无价”，这是在翡翠业内经常听到的一句话。翡翠不仅是财富的象征，更形成了独特的文化，令不少人竞相追逐。然而，近年来随着原石矿区的产量逐年减少，其价格也越来越高，因此翡翠成了投资项目中获益最高的项目。

墨玉翡翠关公

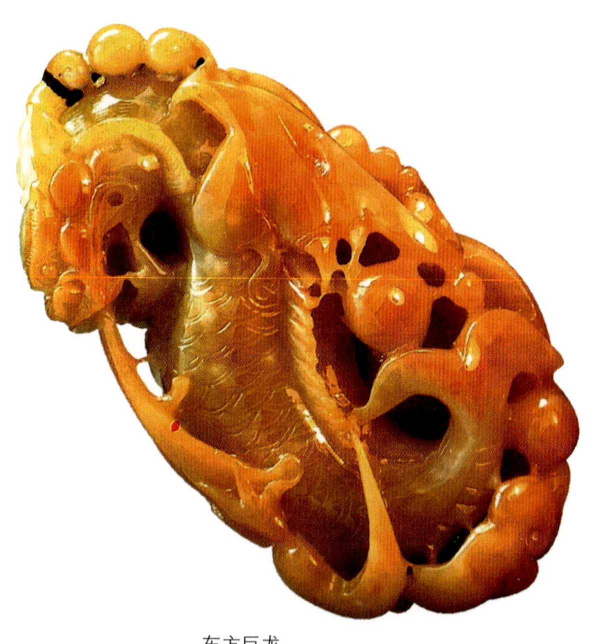

东方巨龙

近年来，从各大拍卖场所中来看，翡翠的收藏趋势从以前的古代制品逐渐向制作精美的新品方向发展。这主要是因为翡翠使用的历史比较短。在我国大量使用翡翠制品是从清朝中期开始的，至今只有200多年的历史，当时的翡翠制品大多工艺粗糙，而且其品质也不是很好。然而，随着社会的发展，科学的进步，工业技术的发展，翡翠制品的工艺日益精湛，从制品的图案来看也是越来越精细，其艺术性也有了很大的提高。所以收藏翡翠现今是最佳时机。

翡翠钻石耳坠

天然翡翠配钻石耳环（一对）

硕果累累

对翡翠制品价格的评估，包括三个方面，一是翡翠的品质，二是工艺，三是制作年代，这可以从不断创造纪录的翡翠拍卖标的看出。如果一件翡翠制品三者兼而有之，则更是锦上添花。

其实，宝石界对翡翠原石特级品和商品级的区分，大多在于块重的大小。而琢制成品后，一件特级翡翠可能被剖成几件，其块重大小的衡量标准就是其次的。又如琢成器后，原石上的绺裂或杂质可能已经被剜除或巧做。

翡翠钻石耳坠

翡翠配钻石首饰（一套）

同心同德

所以，原石的分级一般不能适用于制成器物的分级，在借鉴原料对制成品进行经济评估的时候，应更注重颜色、透明度、光泽、纯净度，然后兼顾其他方面。因而，对翡翠制成品的评估，主要靠综合指数。

所谓综合指数，包含了琢工的工艺水平、艺术价值、历史价值，器物传世时间久远程度及传世数量多寡等众多因素。如果掌握了翡翠矿物、原料的知识，又熟知相关历史知识，就能掌握翡翠的鉴定技能。一般器物的评估，只需了解其时代风格、器型分类、纹饰特点和琢制技巧等便可进行鉴定。

翡翠制品的大小也是非常重要的一个因素，重量不仅是宝石计价的依据，而且也是宝石稀有性的重要体现。不过翡翠制品的计价不以重量为单位，而是以“件数”为单位，但总体上重量已经包含在价格之中，一般来说，同等种质级别的翡翠饰品，翡翠手镯价格最高，其次是戒指、玉扣等小件。

# 翡翠收藏渠道

目前翡翠收藏市场持续火热，但要想淘到一件称心如意而又物美价廉的藏品却难上加难。下面就主要谈一下藏品的来源。

零售环节是普通消费者购买翡翠的最直接环节，因为零售市场针对的就是普通的中、低端大众消费者，所以货品多样、规格齐全、价格适中是零售环节的优势。

在珠宝行业中，珠宝专业市场方兴未艾，对于收藏者来说，珠宝专业市场是锻炼眼力和评估价格的很好的练习场，当然也是很好的藏品来源地。专业企业有着零售市场与专业市场所不具备的优势：一方面专业性强；另一方面货品档次齐全、价格合理。

白天鹅翡翠摆件

K 金配钻翡翠戒指

翡翠的产地、加工地与集散地主要针对的是行业内部的需求，这些地方的卖家虽然对零散的顾客也很热情，但价格与针对行内批发的客户是有明显区别的。这也是一个成熟的行业内部各行其道的做法，主要目的是保护同行零售企业的利益，从而达到整个行业健康稳定地发展的目的。所以对于收藏者来说，亲自到翡翠的产地、加工地与集散地寻宝无疑成为一种更大的挑战。

仙女飞舞翡翠摆件

花开富贵翡翠手链

翡翠吊坠

拍卖会上的翡翠产品已经不再有神秘的面纱，其品质自然有拍卖公司严格把关，其价格也通过了行业内部专家的准确估价。对于那些不是很懂翡翠的收藏者来说，拍卖公司的工作无疑为他们带来最根本的保证；但对于那些精通翡翠的收藏家来讲，将翡翠的价格定得如此透明，反而使他们失去了一种迎接挑战的快乐，收藏的意义则更加倾向于保值。总的来说，前往拍卖会选购翡翠也不失为一个较好的选择。

# 翡翠收藏的意义

高档翡翠不适合短期投资，放长线更加合适。翡翠近几年的平均升值在 50%以上，有些品相特别出色的升值更多。现在我国已经有越来越多的投资者选择收藏翡翠来保值、增值。具有收藏价值的宝石级翡翠只有缅甸出产，这种资源的不可再生性和稀少性，决定了它特有的投资价值。最近几年，国内一些珠宝玉器拍卖会上，高档翡翠的价格屡创新高，其升值之快，是邮票、陶瓷和书画等其他投资品所难以比拟的。

镂空翡翠手链

墨绿翡翠摆件

冰种翡翠手链

翡翠虽然稀少且增值空间可观，但并不是所有的翡翠都值得收藏。这里就涉及一个主题收藏的问题，所谓主题收藏，就是专门收藏某一系列的货品，如生肖、图腾、宗教或其他具有特别文化内涵的系列产品，这些藏品单件在购买时可能价格不高，但收藏者把它们组成一个系列后，其艺术附加值会明显增加，只要种水好，有特色，交易时价格就会大幅上升。也有收藏者特别偏好于翡翠品相的某项指标，例如种，有时为了收藏种相出色的货品，而不得不牺牲另外一些指标，其他投资者也可以利用这种差异，用优惠的价格淘到超值的货品。

# 后 记

翡翠是在地质作用下形成的达到玉级的石质多晶集合体。它质地坚硬、富有光泽、颜色丰富，除了绿色以外，还有红色、黄色、紫色、黑色等不同的颜色，且每一种颜色又分为深浅不同的色调，如绿色就可细分为帝王绿、菠菜绿、苹果绿等。因此翡翠七彩斑斓，非常耀眼，玉雕师们常用俏色的工艺尽可能地保留翡翠原石上的颜色，而且尽量将它们巧妙地运用在雕刻的题材中，设计得巧妙时往往会收到意想不到的效果。

翡翠的原产地很少，其中缅甸产的翡翠品质最好，所以翡翠也被称为“缅甸玉”。清代以后，大量的翡翠被运往京城。翠绿欲滴、雍容华贵的翡翠，深受达官贵人的青睐，一时间风靡起来。宫里用的很多生活用品，如碗筷、盆盂等都是用翡翠制成的，后妃们用的玉簪、手镯等首饰更是离不开翡翠，著名的慈禧太后就是翡翠的忠实爱好者，她可谓是疯狂痴迷翡翠。翡翠这种异国美玉迅速占据了国人的心。

为了让广大翡翠爱好者更好地了解翡翠，我们编辑了此书。为了保证本书的专业性和严谨性，我们专门拜访了位于天津古玩文化街的君宝阁和位于广州市越秀区的乾朝珠宝两家珍宝店的专业人士。这两家专业翡翠经营机构的朋友为我们提供了大量帮助，不仅为我们讲解了许多有关翡翠的知识，还为我们提供了大量精美图片。在此，再次感谢君宝阁的胡先生和乾朝珠宝的周先生，本书得以呈现在广大读者面前，离不开两位专业人士的热情帮助。

希望广大读者阅读完本书，能够更多地了解关于翡翠的知识。同时，也期待广大读者朋友的交流与切磋！

**总 策 划**

王丙杰　贾振明

**责任编辑**

贾瑞娜

**排版制作**

腾飞文化

**编 委 会**（排序不分先后）

林婧琪　邹岚阳　鲁小娴

潇诺尔　玉艺婷　冷雪峰

夏弦月　吕陌涵　默　梵

**责任校对**

姜菡筱　宣　慧

**版式设计**

吕记霞

**图片提供**

胡长君　周　健

天津市南开区古玩城君宝阁

广州市乾朝珠宝有限公司

http://www.qchzb.com